KB041305

아름다움

아름다운 삶을 위한 개념의 정식화

아름다움

아름다운 삶을 위한 개념의 정식화

이종건 지음

서광사

아름다움

아름다운 삶을 위한 개념의 정식화

이종건 지음

펴낸이 | 김신혁, 이숙
펴낸곳 | 도서출판 서광사
출판등록일 | 1977. 6. 30.
출판등록번호 | 제 406-2006-000010호

(10881) 경기도 파주시 회동길 77-12 (문발동)
대표전화 (031) 955-4331   팩시밀리 (031) 955-4336
E-mail: phil6161@chol.com
http://www.seokwangsa.co.kr | http://www.seokwangsa.kr

제1판 제1쇄 펴낸날 ― 2019년 8월 30일

ISBN 978-89-306-0232-7   03100

차 례

프롤로그_아름다움은 아름답다 · 7

1. 아름다움, 조용한 컴백 · 15

2. 아름다움, 정치의 희생양 · 25

3. 아름다움, 투명한 편견 · 39

4. 아름다움, 새로운 정식화 · 55

5. 아름다움, 하나의 아포리아 · 69

6. 아름다움, 차가운 빛의 경(景) · 85

7. 아름다움, 뜨거운 정념의 힘 · 99

8. 아름다움, 야누스의 아지랑이 · 111

9. 아름다움, 영혼의 자유 · 127

10. 아름다움, 생명의 감응 · 147

11. 아름다움, 쇠락하는 영혼 · 161

에필로그_아름답게 걸으라 · 177

참고문헌 · 185
찾아보기 · 193

아름다움은 아름답다

아름다움은 심지어 아름다움을 추구하는 데,
그리고 그 길을 따라가며 겪는
고통을 모두 겪는 데 있다. — 소크라테스

사랑에 빠진 이의 얼굴은 아름답다. 맑고 싱그러운 아침 바람도 아름답다. 시원한 빗소리도 아름답다. 구김살 없이 활짝 웃는 맑은 웃음도 아름답다. 자신의 일에 열중하는 이의 모습도 아름답다. 낯선 이가 내미는 도움의 손길도 아름답다. 자신을 잉태한 존재를 지속시키기 위해 벌거벗기 전 세상을 불태우듯 밀려 나온 나뭇잎들도 아름답다. 모차르트의 '구도자를 위한 저녁기도'도 아름답다. 석양도 아름답다. 밤하늘의 별도 아름답다. 세상을 침묵으로 잠들게 하는 하얀 눈도 아름답다. 아름다운 것들은 모두 아름답다. '아름다움'이라는 말도 아름답다.

아름다움이란 무엇인가? 헬렌 켈러는 이렇게 말했다. "세상에서 가장 아름다운 것들은 보거나 만질 수 없다. 그것들은 가슴으로 느껴야 한다." 아름다움이 가슴으로 느껴야 하는 것이라면, 그것을 말이나 글로 표현하고 전달하는 것은 근본적으로 불가능할 것이다. 말과 글은 대개 머리로 하는 것이기 때문이다. 그런데, 인간은 불가능한 것을 불가능한 것으로 받아들인 채 단념하고 돌아서지 않는다. 아름다움뿐 아니라 신, 정의, 사랑, 깨달음 등도 그러한데, 그것을 열망하며 거기에 다가가려 애쓴다. 시인처럼 언어를 넘어서기 위해 언어 사이 혹은 언어의 뒤를 더듬기도 하고, 우리 자신이 기꺼이 철학자나 선가(禪家)가 되려고 한다. 그리하여 개념을 발명하고, 언어들을 이리저리 배치하고, 저쪽 기슭에 닿으면 버리리라 다짐하는 배(불립문자)에 올라탄다. 때로는 침묵하기 위해, 혹은 침묵을 말하기 위해 말한다. 어떤 이는 진실을 드러내기 위해 말하기도 하고, 어떤 이는 거짓을 숨기기 위해 말하기도 한다.

우리는 말로 한계지어진 존재다. 말할 수 없는 것마저 말할 수 없는 것이라고 말할 수밖에 없다. 그럼에도 불구하고 우리는 언어로 닿을 수 없는 것을 구하고 욕망한다. 그로써 우리는 비로소 우리 자신의 한계를 인식할 뿐 아니라 우리 앞에 놓인 미지(未知)의 시간과 공간을 열어갈 힘을 얻기 때문이다. 사랑이 하나의 전형인데, 우리는 우리와 다른 어떤 존재와 만나는 순간 이미 바로 그 타자, 곧 알 수 없는 존재를 껴안고 '(온전히) 사랑하기'라는 불가능성을 감행하기 위해 심연 속에 뛰어든다.

우리는 왜 아름다움을, 신을, 사랑을, 정의를 찾아 나서는가? 무엇보다도 우리 내면의 영혼이 그것을 요구하기 때문이다. 그리고 그 요청에 따르는 행위는 우리의 삶의 의미와 열정에 부합하기 때문이다. 게다가 그리하는 행위는 그 자체가 이미 그러한 것으로서, 우리의 반복되고 사소한 삶에 실존의 가치와 의미를 부여한다. 아름다움을 구하는 삶은 아름답고, 진실을 구하는 삶은 진실하고, 선을 구하는 삶은 선하고, 사랑을 구하는 삶은 사랑스럽고, 정의를 구하는 자는 정의롭다.

소크라테스는 수천 년 동안 세상에서 가장 현명한 사람으로 내내 칭송받아 온 철학자다. 그런 그의 지혜의 원천은 자신의 무지(無知)에 대한 앎, 곧 자신은 아무 것도 모른다는 것을 아는 데 있다. 그는 그 사실을 한시도 잊지 않은 채 누구에게 무엇을 가르치려 하지 않았다. 그가 한 일이란 오직, 무엇을 안다고 말하는 다른 이들의 바로 그 앎을 따져봄으로써 그것이 참된 앎이 아니라는 것을 밝혀내는 것이다. 그런데 우리는 가장 지혜로운 철학자와 반대로, 우리 자신은 무엇을 알고 있다고 생각하고, 그 앎을 다른 이들에게 가르치거나 설득하려 애쓴다. 그러니 소크라테스에 빗대어 말하자면, 우리는 가장 지혜롭지 못한 자임이 틀림없다.

소크라테스는 아름다움의 문제를 놓고 당대를 대표하는 소피스트 히피아스(Hippias)와 문답을 주고받았다. 히피아스에게, 그리고 정확히 히피아스와 나눈 대화로써 바로 자신에게, '아름다움' 그 자체가 무엇인지 집요하게 따져 물었다. 그리하는 가운데 아름다움의 개념을 붙잡으려고 애썼다. 그런데 그는 아름다운 대상을 거푸거푸 열거하는 데 그칠 뿐, 결국 아름다움을 붙잡지 못했다. 아름다움은 그의 실패 이후로도 오랫동안 수많은 사색과 상상과 논의를 불러일으켰다.

현대세계에 가장 널리 유통되어 온 아름다움의 정식은, 칸트에게서 유래하는 '무관심한(욕망 없는) 관심'의 관조(觀照)에서 오는 즐거움이다. 그런데 칸트가 해명한 아름다움의 정식(定式)은 200년이나 묵어 우리 시대에 소용될 수 없을 정도로 정체(停滯)해 있다. 그럴 뿐 아니라 지나치게 청교도(금욕)적이어서 욕망의 시대에 도토리 찬밥 신세다. '아름다움은 절대정신(진리)의 감각적 나타남'이라는 헤겔의 정식, 아름다움은 숨겨진 것이 드러나는 사건(진리)이라는 하이데거의 정식도 있지만, 이것들 또한 초월적 가치의 쇠락 혹은 성립 불가능성으로 인해, 물질주의가 지배하는 세속세계에 할당받을 자리가 무척 협소하거나 없다.

아름다움에 대한 심각한 지적 작업과 논의는 지난 한 세기 예술과 미학의 영역에서 자취를 감추었다. 지식인들과 예술가들은 미학과 예술을 논의하는 공간에서 아름다움을 배제했다. 아름다움이 예술과 지식의 영역에서 밀려난 데에는 신(초월적인 존재)의 죽음, 그리고 시장경제에 기초한 자본주의 사회의 발전이 결정적 영향을 미쳤지만, 20세기 초반을 얼룩지게 만든 폭력과 전쟁의 영향도 그만큼 컸다. 그에 반해 일상세계의 아름다움, 곧 아름다운 용모와 외양에 대한 관심과 그것을 겨냥하는 미(美)의 산업은 폭발적으로 늘었다. 지금도 끊임없이 증가 중이다. 아름다움은 이제 감각적 기쁨의 영역을 넘어, 경제를 움직이는 힘이며 적지 않은 사람들에게는 생존의 도구다.

이 책의 목적은 아름다운 대상을 열거하는 것이 아니라, '아름다움 자체'를 파고들어 가는 데 있다. 아름다움이 무엇인지 그 개념을 붙잡아보는 것이다. 소크라테스는 그리하는 데 실패했지만, 다행히 그 이후 칸트, 쇼펜하우어, 실러, 니체, 하이데거, 앙리 등 이례적으로 명석한 철학자들이 아름다움을 합리적으로 논의할 수 있는 수준으로 잘 해명해 내었다. 우리는 그들 덕분에 이제, 아름다움을 이리저리 비판적으로 살펴보며 새롭게 정식화(定式化)할 수 있는 단계에 이르렀다. 이 책은 아름다움을 둘러싼 그들의 생각들로 아름다움을 다시 숙고해 봄으로써, 아름답지 않은 세상이지만, 도리어 아름답지 않은 세상인 까닭에, 아름다움에 대해 깊이 생각하고 함께 대화할 수 있는 공간을 지어내고자 한다. 그리고 희망컨대, 고통스러운 삶의 환경에서도 아름답게 살 길을 내는 데 한 줌이나마 보태고자 한다. 아름다움에 대한 모든 논의와 고민은 종국적으로 아름답게 사는 길로 나아가야 마땅할 것이다.

그리하기 위해 이 책은 아름다움이 컴백한 '사건'으로 시작한다. 아름다움에 대한 필자의 생각을 정리해 내어놓으면서 가장 먼저 해야 할 일은, 아름다움이 컴백했다는 '아름다운 소식'을 전하는 것이라고 여기기 때문이다.

고백하건대, 필자도 아름다움에 대해 심각하게 생각해 보려고 한 적이 없다. 아름다움이라는 말조차 필자의 마음을 특별히 끈 경우가 없었다. '아름다움'이라는 말이 필자의 마음에 쑥 들어온 것은 순전히 우연이다. 필자가 관계하는 작은 공부 플랫폼의 주제를 후배들과 고민하는 자리에서 한 후배 건축가가 불쑥 아름다움이라는 말을 제시했는데, 그것이 말 그대로 '한방'이었던 셈이다. 아마 우리가 사는 세상이 더럽고 추하다는 생각 때문이었을 텐데, 필자는 그때 곧바로 아름다움에 붙잡혔다. '아, 아름다움을 오래 잊고 있었구나….' 아름다움이야말로 이 시대에 절실한 것이라는 확신이 순식간에 들었다. 그리고서 아름다움을 일 년 내내 씨름할 플랫폼의 주제로 잡았다.

아름다움이란 무엇일까? 아름다움을 자문하자, 필자가 할 수 있는 말이 그리 많지 않았다. 칸트, 헤겔, 하이데거 등이 제시한 정식(定式) 정도가 떠올랐을 뿐이다. 아름다움을 일 년간의 강의 주제로 잡고 아름다움을 어떻게 풀어야 할지 고민하며 한편으로 여러 분야 전문가들을 초청해 강의를 들었다. 다른 한편으로 아름다움을 다룬 글들을 찾아 읽었다. 그리고서야 비로소 아름다움이 (서구에) 이미 돌아왔다는 사실을 알고 무척 궁금했다. 아름다움이 거기(서구)는 돌아왔는데, 왜 여기(한국)는 아직도 깜깜한가? 〈우리 사회의 대표적인 지성인들에게 듣는 시대의 성찰〉이라는 구호로 2014년 시작해, 지금까지 수백 회에 이르는 강연을 줄기차게 이어오고 있는 네이버 〈열린연단〉. 우리 사회에 가장 널리 알려진 '문화와 지식의 플랫폼'인 네이버 〈열린연단〉. 거기서도 아직 아름다움을 다루지 않았다. 전적으로 자문위원들 탓이겠지만,[1] 아마도 다른 곳도 크게 다르지 않을 것이다.

필자는 작년 한 해 아름다움을 주제로 영문학자, 미학자, 정신분석가, 철학자, 문화비평가 등을 초청해 강의를 들었다. 그런데 그들의 강의는 모두 필자의 기대와 예상을 크게 빗나갔다. 거의 모든 초청 강사들이, '아름다움의 컴백'은 차치하고 아름다움에 대해 깊이 생각해 본 적조차 없었다. 대부분의 강사들은 왜 우리가 아름다움에 관심을 갖는지 의아해할 뿐 아니라, 심지어 아름다움에 대해서는 (여전히) 등을 돌려야 '정치적으로 옳다(political correctness)'는 입장을 보인 강사도 있었다. 우리 사회의 예술가들과 미학을 책임지는 지식인들은 왜 아름

---

1 건축을 다루지 않는 것도 매우 희한한 일이지만, 연단에 건축전문가를 지금까지 단 한 번, 그것도 실무 건축가 김석철이 논평가로 국회의원을 지명해 자신의 프로젝트를 발표하게 한 것은 더더욱 희한하고 이해하기 어려운 일이다.

다움에 무심한가? 세상에서 가장 인터넷(망과 사용)이 좋은, 그래서
글로벌리즘 한가운데에서 살아가고 있다고 말할 수 있는 우리가, 왜
저쪽 문화의 흐름에, 저쪽 예술가들과 지식인들 소식에 이렇게 어두운
가? 혹은 관심이 없는가?

　이 책은 아름다움의 컴백을 다루는 글 뒤로, 크게 세 덩어리의 글로
구성되어 있다. 첫째 덩어리는, 지난 한 세기 동안 아름다움이 어떻게
정치적인 것의 희생양으로 전락했는지, 아름다움에 대한 편견은 무엇
이며 어떤 문제를 내포하고 있는지, 우리 시대가 요청하는 아름다움은
왜 새롭게 구성해야 하는지, 그리고서 아름다움이 아포리아인 까닭은
무엇인지 등을 밝힌다. 둘째 덩어리는, 아름다움을 '욕망 없는 관심'의
관조로 얻는 즐거움이라는 견해에 대해, 그와 대조적으로 아름다움을
'뜨거운 정념'의 끌림과 즐거움의 선취로 제시하는 견해에 대해, 그리
고 아름다움은 보고 느낄 수는 있지만 왜 붙잡을 수는 없는지에 대해
상술한다. 셋째 덩어리는, 아름다움을 영혼의 견지로 해명하는 소크라
테스와 실러의 논지를 논술하고, '아름다움은 생명의 감응'이라는 새
로운 정식을 다루고, 아름다움이 우리가 살고 있는 **지금 여기**의 세계에
서 차지하고 있는 위상을 검토하며 대안을 모색한다.

　공부는 무릇 삶의 문제와 맞물려야 한다. 삶과 무관한 공부는 개인
적으로 무의미하고 사회적으로 무가치하다. 삶의 귀중한 에너지를 기
껏해야 허영심이 끝없이 만들어내는 공백을 (불가능하게) 채우는 데
쓰이거나, 과도한 장식품으로 세상의 눈과 귀를 어지럽히는 데 일조할
뿐이다. 아름다움에 대한 공부도 마찬가지다. 아름다움을 둘러싼 언설
은 모두, 개인의 실존을 더 낫게 하는 방도나 아름다움의 사회적 실천

을 고민해야 한다. 그럼에도 불구하고, 이 책은 '아름다움' 그 자체를 파고들기로 한 까닭에, 그래서 아름다운 대상들에 대한 구체적 언급은 가급적 생략한 까닭에, 우리의 구체적 현실에 대응할 실천 방안은 실마리를 던지는 것으로 그친다. 여기저기 필자가 만들어 둔 실마리를 풀어 실천적 삶으로 확장하거나 바꾸어 응용하는 것은 독자의 몫이다.

다시 한번, 아름다움이란 무엇인가? '아름다움'이라는 말[2]은 그 말을 하는 것만으로도 아름다워지는 기분이 들게 한다. 아름답게 살고 싶은 마음이 생기게 한다. '아름다움', 이 말이 우리를 아름다움 속에 잠시나마 들어갈 수 있게 한다면, 그것은 얼마나 아름다운 일인가? 아름다움에 대해 관심을 갖게 하고 주목하게 하고, 그로써 아름다운 삶에 대해 잠시나마 고민하게 할 수 있다면, 그것은 얼마나 아름다운 일인가? 그로써 아름다움을 추구하는 삶을 살 수 있게 한다면, 그것은 얼마나 아름다운 일인가? 그때 우리는 이미 아름답게 살고 있으니. 그때 우리는 이미 아름다움 속에 머물고 있으니. "아름다움은 심지어 아름다움을 추구하는 데, 그리고 그 길을 따라가며 겪는 고통을 모두 겪는 데 있다." 소크라테스의 말이다.

---

2 따라서 바로 그만큼, '예쁘다'라는 말과 '섹시하다'라는 말은 더 적게 쓰면 좋겠다. 아름다움은 그러한 말들로 쉽게 빛을 잃는다.

아름다움, 조용한 컴백

'예술과 미학의 세상'에 아름다움이 컴백했다. 비난과 배척의 오랜 어둠을 떨쳐 내며 조용하게 빛 속으로 들어왔다. 지난 20여년, 아름다움에 대한 관심과 논의, 아름다움의 가치에 대한 새로운 해명이 돌연 증폭했다. 가히 '아름다움의 재기(再起)'라는 표현이 적절하다. 세기 전환기에 나타난 이 현상은, 그로부터 철저히 등을 돌려온 20세기 현대 미학과 예술사의 맥락에서 쉽게 예측하기도 어렵고 수용하기도 어렵다. 하나의 사건이라 부를만하다. 그러한 까닭에 그것은, 예술과 미학의 관점에서는 당연히 그러하고, 아름다움 산업에 포획된 우리들에게 의미심장한 의미를 여럿 되새기게 한다.

'아름다움의 컴백'을 알린 가장 괄목할 만한 이벤트는, 미국의 철학자들과 예술비평가들이 개최한 〈아름다움이 중요하다(Beauty Matters)〉라는 주제의 심포지엄이다. 21세기의 개시를 코앞에 둔 1999년이었다. 거기 참여한 미네소타대학교 철학 교수 이튼(Marcia M. Eaton)의 주장에 따르면, 미학 이론가들과 예술가들은 20세기가 종말을 고할 즈음, 아름다움이 예술에 중요하다는 사실을 (다시 한번) 믿는 흐름을 형성했다.

그와 같은 해 워싱턴 소재 허시혼(Hirshhorn) 미술관에서 열린 심포지엄 〈아름다움에 관하여(Regarding Beauty)〉는 아름다움의 힘을 다시 붙잡고자 한 열망을 널리 보여준 사건이다. 그 바로 한 해 전, 하버드대학교 미학 교수 스카리(Elaine Scarry)는 예일대학교에서 아름다움을 집중 강의했고, 이듬해 그것을 정리해 출판했다. 2005년에는 〈아름다움에 관하여(On Beauty)〉라는 국제 페스티발(Haus der Kulturen der Welt)이 베를린에서 열렸다. 페스티발의 절정은, 거기 초대된 전문가들이 "아름다움이 돌아-옴(The Re-turn of Beauty)"을 논의하는 컨퍼런스 자리였다. 참여자들 가운데 한 사람이었던 독일의 저명한 미학자 벨슈(Wolfgang Welsch)는 자신의 논문 〈아름다움의 회귀?(A Return of Beauty?)〉에서 다음과 같이 말했다.

> 예술 작품의 아름다움이 수십 년간 미술관, 전시, 그리고 다양한 여타 매체들에서 어느 때보다 많이 나타났다.[1]

'아름다움의 컴백'을 가장 일찍 예고하고 가장 큰 목소리로 주창한

---

1   Welsch, W., "A Return of Beauty?" presented during the international conference "The Re-turn of Beauty", Berlin, *Haus der Kulturen der Welt*, 13, Mai, 2005. 아름다움을 주제로 삼은 근간(近刊)으로, 뉴욕대 고전학 교수이자 브라운대 고전학 명예 교수인 콘스탄(David Konstan)의 『*Beauty: The Fortunes of an Ancient Greek Idea*』, Oxford University Press, 2014가 있다.

사람은 '러시아의 양심'으로 불린 작가 솔제니친(Aleksandr Solzhenit-syn)이다. 솔제니친은 위대한 작품을 남긴 작가로서뿐 아니라, 인간으로서도 참으로 위대한 삶을 산 인물이다. 그는 전 생애를 그야말로 고난으로 점철된, 그래서 누구보다 힘겨운 삶을 살았지만, 주변 사람들과 권력과 신을 원망하거나 분노하는 감정에 결코 함몰되지 않았다. 그는 도리어 그로써 자신을 더 큰 정신으로 연단해 모든 형태의 역경을 헤쳐 가며 아름다움(의 구원의 힘)을 갈망했다.

『이반 데니소비치의 하루』(1962)로 한국인의 사랑을 널리 받아온 솔제니친은, 친구에게 스탈린에 대해 짧은 불만의 편지를 쓴 것이 감시망에 걸려 27살 청춘의 나이에 8년 간 강제노동 수용소의 삶을 살았다. 그리고서 곧바로 외지로 추방되어 3년 간 유배의 삶을 살았다. 그리고서도 소련작가동맹에 사전 검열제도의 부당성과 폐지를 요구한 일로 동맹에서 제명되어 작품 발표 기회를 박탈당했다. 곧이어 가족을 남겨둔 채 강제 추방되어 노인이 되도록 미국에서 망명의 삶을 살았다. 그러다가 소련이 붕괴되던 1990년 고르바초프에 의해 복권되어 4년 뒤 고국으로 돌아갔다. 거의 온 성인의 삶을 국외자로 보낸 솔제니친은 자신의 고국에 돌아가서도 권력의 부패에 대해 비판의 칼날을 누그러뜨리지 않았다. 자신에게 주어진 어두운 세계를 진실로 인간적인 (혹은 신적인) 삶으로 살았던 그는, 1970년 노벨문학상 수상 연설 자리에서, 비록 자신의 입으로 직접 전하지는 않았지만, 원고를 통해 다음과 같이 웅변했다.

죽게 될 자는 우리다. 예술은 존속할 것이다. (…) 무언가는 우리를 말들 너머로 인도한다. 예술은 심지어 얼어붙은 어두운 영혼마저 높은 정신의 경험으로 나아가게 한다. (…) 한 때 도스토옙스키는 '아름다움이 세상을 구원할 것이다.'라는 수수께끼 같은 말을 했다. (…) 진리, 선, 아름다움이라는 고대의 삼위일체는 아마, 단지 우리가 자만하고 물질적인 젊은 날에 생각하듯 한물간 공허한 공식이 아닐 것이다. 만약 이 세 그루 나무들의 꼭대기가 모여들 때, 학자들이 주장하듯 진리와 선이 너무 분명하고 직접적이어서 꺾이고 잘려나가 올라갈 수 없다면, 아마 환상적이고 예측불가능하고 기대하지 않은 아름다움이라는 줄기가 바로 그 자리에 뚫고 올라갈 것이며, 그리함으로써 셋 모두의 일을 완수해낼 것이다.[2]

설령 진리와 선(善)은 너무 분명하고 직접적이어서 사람들 손에 꺾이더라도, 아름다움이 그 자리를 뚫고 올라가 아름다움뿐 아니라 마침내 진리와 선마저 구원해낼 것이라는 말이다. 솔제니친은 예술이 그 과업을 이루어낼 것이라고 믿었다. 그는 '인생은 짧고 예술은 길다'는 명제를 진실로 믿었다.

아름다움이 예술계에 컴백할 것이라고 가장 직접적으로 그리고 거리낌 없이 공언한 사람은, '예술 비평계의 악동' 히키(Dave Hickey)다. 히키는, 차후 예술의 십 년간을 지배할 이슈는 아름다움일 것이라고 선언했다. 미국의 수많은 지면에 글을 기고해 온 그는, 예술의 힘은 아름다움이 주는 순정한 즐거움에 있다고 믿는다. 흥미로운 점은, 그러한 선언을 담은 그의 책 『보이지 않는 용(The Invisible Dragon)』[3]이

---

2   https://www.nobelprize.org/nobel_prizes/literature/laureates/1970/solzhenit-syn-lecture.html

3   데이브 히키, 『보이지 않는 용: 아름다움을 바라보는 데이브 히키의 전복적 시

쇼킹한 작품들로 가득 채운 휘트니 비엔날레(1993)⁴가 열린 해에 출간
됐다는 것이다. 한쪽에서는 아름다움이 선포되고 다른 한쪽에서는 추
하고 역겨운 작품들이 아름다운 공간을 가득 메웠으니, 한쪽 극은 다
른 쪽 극과 만난다는 말이 그저 헛말만은 아닌 것 같다. 달은 차면 반
드시 기우는 법이다.

  저명한 현대예술 비평가이기도 했던 철학자 단토(Arthur Danto)는
히키의 선언에 맞섰다. 단토의 반박에 따르면, 예술이 본질적으로 아
름다움에 관한 것이라고 믿는 것은 미학자들이 지금까지 늘 저질러온
치명적 오류다. "궁극적으로 아름답게 보이는 것이 예술의 운명이 아
니고, 운명이었던 적도 결코 없다."⁵ 단토는 또 이렇게 주장했다. "세계
의 대부분의 예술은 아름답지도 않을 뿐 아니라, 아름다움을 만들어내
는 것은 예술의 목적의 일부도 아니다."⁶

  그런 단토가 그 이후 전혀 예기치 않은 새로운 현실을 맞닥뜨리고
아름다움에 대한 자신의 생각을 고쳤다. 그는 뉴욕 911 참사로 희생된

선』, 박대정 옮김, 마음산책, 2011.
4 홀리데이(George Holiday)는 LA의 백인 경찰들이 흑인 로드니 킹(Rodney
King)을 구타하는 장면의 비디오를, 오소리오(Pepon Osorio)는 히스패닉 가정의 살
인 현장을 보여주는 비디오를, 윌리엄스(Sue Williams)는 누워 있는 여자 누드에 외설
적인 욕설을 써넣은 사진 작품을, 라이건(Glenn Ligon)은 메이플소프(Robert Map-
plethorpe)의 〈블랙북〉에서 선정한 흑인 남성 누드 사진들과 동성애 문장들을 담은 패
널 등을 전시했는데, 셔먼(Cindy Sherman)의 셀프 포트레이트는 선정성 문제로 한국
전시에서 제외되었다. 고(故) 백남준이 사비를 들여 역사상 처음으로 한국(국립현대
미술관) 전시가 이루어진 비엔날레이기도 하다.
5 Welsch, W., "A Return of Beauty?", 36.
6 앞 글, 88.

이들을 추모하기 위해 임시로 만든 구조물에서 아름다움을 목격했다. 그리고서 아름다움이 인간적인 삶을 (온전히) 사는 데 필수 불가결하다는 사실을 새삼 깨달았다. 단토가 (다시) 판단하기에, 아름다움은 예술가가 목적으로 삼기에 충분히 온당하다. 그는 이렇게 썼다.

> 철학의 전통에서는 설령 아름다움이 시각 예술에서 당연시되어온 것보다 훨씬 덜 중요하다는 점이 입증된다손 치더라도, 그것이 곧, 아름다움은 인간 삶에 중심적이지 않다는 점을 수반하는 것은 아니다. 2011년 9월 11일 테러 공격 이후 뉴욕 모든 곳에서 자연스럽게 나타난, 즉흥적으로 만든 감동적인 성소 구조물은, 나에게 아름다움의 필요성이 극한의 삶의 순간에 인간성의 틀에 깊이 각인되어 있다는 것의 증거였다. 어찌되었든 나는 한 사람의 철학자로서, 아름다움에 대해 글을 쓰는 일은 가장 심오한 이슈를 거론하는 일이라고 생각하게 되었다. (…) 아름다움은, 진리와 선처럼 하나의 가치이기도 한 어떤 미학적 특질이다. 단지 우리가 살아가는 데 필요한 가치들 중의 하나가 아니라, 온전하게 인간적인 삶이 무엇을 의미하는지 규정하는 가치들 중의 하나다.[7]

벨슈가 지적한 것처럼, 돌아온 것은 아름다움(이라는 현상)이 아니라 아름다움에 관한 담론이다. 아름다움 그 자체가 아니라 아름다움이라는 논의의 주제다. 그리고 그것은 물론 예술계와 지식계에서다.[8] 우

---

7 Danto, A., *The Abuse of Beauty: Aesthetics and the Concept of Art*, Open Court, 2003, 14-15.
8 따라서 이 책에서 '아름다움의 컴백'을 가리키는 모든 표현은 오직 그 맥락에 한정한다.

리의 일상세계는 아름다움으로부터 멀어진 적이 단 한 번도 없다. 멀어지기는커녕 아름다움에 대한 집착이 나날이 심하다. 미(美) 산업의 성장 속도는 놀라울 지경인데, 아름다움이 돌아온 것은 아이러니하게도 바로 그 현상과 맞물린다. 영국 BBC 방송은 2009년에 《아름다움이 왜 중요한가?(Why Beauty Matters?)》라는 다큐멘터리를 6회 방영했다. 미학과 정치철학에 정통한 영국의 유명한 보수주의 사상가이자 저술가 스크러튼(Roger Scruton)이 집필하고 진행했는데, 스크러튼은 거기서 다음과 같이 말했다.

> 오늘날 우리의 문화에는 광고가 예술 작품보다 더 중요하며, 예술 작품은 종종 야단스럽거나 너무 충격적인 것으로써 광고처럼 우리를 주목하게 하려고 애쓴다.

스크러튼은 현대건축에 대해서도 개인적인 반감을 노골적으로 드러낸다.

> 아름다움은, 예술에서는 추함의 컬트, 그리고 일상적 삶에서는 유용성의 컬트라는 두 가지 지점으로부터 공격당하고 있다. 이 두 컬트가 결합되는 곳이 현대건축의 세계다.

예술가들과 지식인들이 아름다움을 공격하거나 다시금 아름다움에 눈을 돌리게 된 것은, 그렇게 우리의 일상세계에 편만한 아름다움의 문제와 결부된다. 우리는 지금 아름다움이, 아름다움이라는 말이 물질주의에 온전히 함몰된 세상을 건너는 중이다. 한국은 경제협력개발기구(OECD) 국가들 중, 경제성장에도 불구하고 물질주의 가치관에 갇힌 유일한 나라다.[9] **지금 여기** 세상에서 아름다움은 물질의 표면에 잠시 머물다 사라질 뿐, 정신을 도무지 건드리지 못한다. 육체, 특히 얼굴의 미모는 사람의 값이며 인격이다. 아름다운 것들이 아니라 '아름다움' 이 무엇인지 '다시' 혹은 '깊이' 생각하고, 서로의 생각을 나누는 일이 절실하지만, 절실하다는 걱정의 목소리도 듣기 힘들다.

아름다움은 오직 아름다운 것 곧 아름다운 대상이나 사태를 통해서만 우리가 인식하고 경험할 수 있다. 그런데 우리가 어떤 것 혹은 특정한 사태를 아름답다고 생각하는 것은 거꾸로, 우리가 품고 있는 아름다움이라는 관념에 기초한다. (적어도 중장년층의) 한국인은 긴 머리를 늘어뜨린 채 입에 피를 머금고 있는 소복(素服) 입은 여인을 귀신이라고 생각하지만, 그러한 귀신의 관념이 없는 서구인들은 그 여인을 귀신으로 생각할 가능성이 희박하다. 아름다움은 그렇게 아름다운 대상과 물고 물리는 관계다. 그런 까닭에, 아름다운 대상을 현실적으로 제시할 수 없는 아름다움의 관념은 공허하고, 아름다움의 관념으로 해명할 수 없는 아름다운 대상은 맹목적이다.

정안면 시인은 자신의 시집 『사랑을 찾아서』(1991)에서 〈아름다운 사람을 만나고 싶다〉는 제목의 시를 썼다. 아름다운 사람을 만나고 싶다는 것은, 우리 세상에 아름다운 사람이 없다는 반증(反證)이다. 베이비부머에게 '아름다운 사람'이라는 말은, 김민기가 작사 작곡하고 현경과 영애가 처음 부른 〈아름다운 사람〉이라는 노래를 떠올리게 한다.

---

9   황정환, 구은서, 「정치인들이 광장정치로 분열 조장 … 법치 회복 기회 돼야」, 『한국경제』, 2017. 2. 25.

〈아름다운 사람〉은 군사정권의 문화 검열과 통제가 극에 달했던 암흑기에 나온 곡이어서 더 애틋하다. 서울대 미대 학생이었던 이현경과 박영애가 대학 졸업을 앞둔 1974년 11월 말, 은퇴 기념 독집 앨범에 수록한 그 곡의 노랫말은 이러하다.

어두운 비 내려오면
처마 밑에 한 아이 울고 서 있네.
그 맑은 두 눈에 빗물 고이면
아름다운 그이는 사람이어라.

세찬 바람 불어오면
벌판에 한 아이 달려가네.
그 더운 가슴에 바람 안으면
아름다운 그이는 사람이어라.

새하얀 눈 내려오면
산 위에 한 아이 우뚝 서 있네.
그 고운 마음에 노래 울리면
아름다운 그이는 사람이어라.

아름다움, 정치의 희생양

아름다움은 오랫동안 예술가와 지식인에 의해 배척당하고 억압당했다. 문학을 포함해 현대예술은 아름다움이 아니라 숭고의 미학에서 동력을 얻는다는 프랑스 철학자 리오타르(Jean-François Lyotard)의 주장이나, 비판이론의 대가인 독일 프랑크푸르트학파 철학자 아도르노(Theodor Adorno)의 주장은 그 점을 잘 보여준다. 아도르노는 이렇게 썼다.

칸트가 오직 자연을 위해서만 마련한 숭고가, 차후에 예술 그 자체의 역사적 구성인자가 되었다. (…) 형식미학이 몰락한 후 숭고는 미묘한 방식으로 모더니즘에 남겨진 유일한 미학적 아이디어가 되었다.[1]

---

1   Adorno, T., *Aesthetic Theory*, trans. by R. Hullot-Kentor, The Athlone Press, 1997, 196-97.

아름다움은 그렇게 현대사회의 예술과 미학에서 배제되었다. 그것은 지금도 대개 그러한데, 혹자는 20세기 후반, 혹자는 지난 백 년 동안, 혹자는 지난 2, 3세기 동안 그리되었다고 주장한다. 그런데 아름다움은 왜 예술에서 배제되었는가? 왜 나쁜 것으로 간주되었는가? 아름다움이 부정적인 것으로 '확연히' 낙인찍히게 된 것은, 100년 전 다다(Dada) 예술가들에 의해서다. 그리고 그것은 정확히, 거의 모든 예술가와 철학자가 예술을 정치적 도구로 사용하면서다. 그렇다면 예술은 왜 정치적인 것이 되었는가?

예술이 정치적 도구로 변한 데에는 여러 가지 사회적, 역사적 이유가 있지만, 무엇보다도 유럽을 충격의 도가니로 몰아넣은 전쟁이 가장 직접적이고 확실한 영향을 미쳤다. 몇몇 정치 지도자들의 인종(민족)주의 혹은 국가주의의 광기와 거기에 무비판적으로 영합한 군중이 초래한 야만적 폭력성은, 계몽의 역사가 드리운 현대세계의 이면(裏面)이다. 이성(과 과학기술)의 무한한 신뢰에 바탕을 둔 낙관의 세계를 강타한 제1차 세계 대전(1914-1918)은, 지식인들뿐 아니라[2] 예술가들이 평생 흡수해야 할 가공(可恐)할 충격이었다. 피 끓는 젊은 예술가들은 돌이킬 수 없는 역사적 참극을 야기한 전쟁이, 국가가 아니라 세계의 차원에서 벌어지는 것을 매일매일 뜬눈으로 지켜보며 경악하고 분노했다. 그렇지 않아도 기성 사회의 이단일 수밖에 없는 청춘들, 그것도 예술에 헌신하는 청춘들은 자신들이 지닌 온 힘으로 기성 사회를 부정하고 공격했다. 기성 사회는 마땅히 전쟁의 책임을 져야 하기 때문이

---

2   예컨대, 아렌트(Hannah Arendt)는 아우슈비츠 이후 자신의 지적 에너지의 거의 모두를, 그것(인간의 폭력)의 기원에 대해, 그리고 그것이 발생하지 않도록 막아낼 수 있는 길을 모색하는 데 바쳤다.

다. 그때까지 삶을 구성해 온 모든 세계는 비판이나 비난을 넘어 파괴해야 할 대상이었다. 작품뿐 아니라 몸과 언어와 행위 모두, 예술가가 정치적으로 발언하고 표현할 수 있는, 유일하게 합법적이면서 정치적으로 강력한 매체였다.

다다는 '정치적 예술'의 기수로 나섰다. 정치적 예술의 과업을 삶의 최전선에서 떠맡은 다다는 일차적으로 (기성 사회가 그동안 특별한 가치를 부여해 온) 예술을 주적(主敵)으로 삼아 공격했다. 예술을 파괴하는 예술, 다다는 그것을 '반(反)예술'이라는 이름으로 목청 높여 부르짖었다. 그때까지 지배적이던 예술을 거부하는 것은, 그뿐 아니라 그것을, 거부를 넘어 파괴하고자 한 것은, 전쟁이라는 인간에 의한 인간(성) 파괴 행위(와 욕망)에 맞서는 필사적인 반전(反戰)의 몸짓이었다.[3]

---

3 뒤샹(Marcel Duchamp)은 이렇게 회상했다. "취리히에 있던 우리는 1914년 세계대전의 학살에 반발해 예술에 헌신했다. (…) 우리는 시대의 광기를 치료하기 위해, 그리고 천국과 지옥의 균형을 회복시킬 사물의 새로운 질서를 찾기 위해, 근본들에 기초한 예술을 탐구하고 있었다." 에른스트(Max Ernst)는 이렇게 말했다. "우리의 분노는 총체적 전복을 목표로 삼았다. 끔찍한 헛된 전쟁이 우리로부터 5년간의 실존을 앗아갔다. 우리는 정당하고, 진실하고, 아름다운 것으로 표상되는 모든 것이 조롱과 수치로 무너지는 것을 경험했다. 그 당시 나의 작업이 의도한 것은 매력을 끌기 위한 것이 아니라 사람들로 하여금 비명을 지르도록 하는 것이었다." 다다를 주창한 차라(Tristan Tzara)는 다다 선언문에서 이렇게 말했다. "각각 이렇게 선언하자: 달성해야 할 위대한 부정적인 파괴의 작업이 있다. 우리는 깨끗이 청소해야 한다. 광기, 서로서로 여러 세기를 파괴하는 노상강도들의 손에 유기된 공격적인 세계의 온전한 광기, 그 상태 이후 개인의 청결을 긍정하라." 미로(Joan Miró)는 리카르트(Enric C. Ricart)에게 보낸 편지에서 이렇게 썼다. "가족의 부정이 될 수 있는 모든 역겨운 산물이야말로 다다다. 다다, 오직 파괴적 행동에 개입하는 주먹의 항의다."

아름다움이 본격적으로 공격의 대상이 된 것은, 전쟁의 광기와 참상을 목격한 예술가들이 기성 사회를 불신하는 정도를 넘어 비난과 혐오의 수준에 이르렀기 때문이다. 방랑으로 점철된 '조숙한 반역아' 랭보(Arthur Rimbaud)는 모든 시인들이 되고 싶어 한 예술과 도덕의 영웅이었으며, 현대문명을 끔찍하게 혐오한 다다 운동의 주창자 차라(Tristan Tzara)의 꿈은 '아름다움의 암살' 이었다. 아름다움, 그리고 그것과 맞물린 예술을 죽이는 것은, 그것을 귀중한 사회적 재화로 여기는 (전쟁을 야기한) 기성 사회로부터 예술가가 자신을 분리해낼 뿐 아니라, 그와 동시에 기성 사회를 공격하는 방책이었다. 제1회 국제 다다 전시의 표제 "Die Kunst ist Tot(예술은 죽었다)"는, 독일 가치의 비방을 넘어 "삼킬 수 없는 예술을 독일의 의식에 강요함으로써 독일 가치를 파괴"하기 위해 의도적으로 내세운 것이다.[4]

현대예술은 거의 한 세기 내내 '다다 운동(Dada movement)' 과 맞물린 아방가르드(Avant-Garde) 정신에 의해 추동되었다. '사회 변화와 영광의 미래' 를 위해 복무할 목적으로 19세기에 출현한 아방가르드 곧, 전위(前衛) 예술은, 사회를 변혁하기 위해 사회제도와 중산층(부르주아)을 비판과 공격의 대상으로 삼았다. 아방가르드를 이론적으로 정식화(定式化) 한 뷔르거(Peter Bürger)[5], 머피(Richard Murphy)[6], 그리고 이글턴(Terry Eagleton) 등이 모더니즘 예술과 구분해서 이해한 개

---

4 Danto, A., *The Abuse of Beauty*, 48.

5 Bürger, P., *Theory of the Avant-Garde*, trans. by M. Shaw, University of Minnesota Press, 1984.

6 Murphy, R., *Theorizing the Avant-garde: Modernism, Expressionism, and the Problem of Postmodernity*, Cambridge University Press, 1999.

념에 따르면, 모더니즘 예술가가 엘리트적 태도로 "고급문화"를 자처
하며 외부와 연관을 끊은 채 작품 그 자체에 침잠했다면, 아방가르드
예술가는 예술의 가치와 의미를 부여하는 외부의 '제도적 기제들'에
비판적으로 개입했다.[7] 모더니즘 예술이 천박한 부르주아 계급으로부
터 등을 돌리는 수동적 부정성의 태도를 취했다면, 아방가르드 예술은
부르주아의 헤게모니를 공격하는 적극적 부정성의 태도를 취했다고
할 수 있다. 그런데 부르주아의 삶, 더 나아가 아도르노가 자본주의의
"문화산업"으로 낙인찍은 대중문화에 저항했다는, 그러니까 사회 일반
에 대해 부정적 태도를 취했다는 점에서는 모더니즘 예술과 아방가르
드 예술이 다르지 않다.

기성 사회에 '적대성(敵對性)'을 품고 있지 않는 것은 아방가르드
(현대) 예술가에게 예술일 수 없었다. 현실을 조롱하거나 뒤엎거나 하
는 식의 혁명의 기운이 서려있지 않은 것은 그들에게 예술로서 무가치
했다. 혹은 순진한 것으로 처분되었다. 제도와 지배적 감성과 가치를
위반하고 전복하는 것, 바로 그것이 예술의 유일한 가치요, 규범이었
다. 한 마디로, 현대예술은 "정치적 행동주의, 분개, 그리고 고발"의 예
술이다.[8]

---

7 오늘날 20세기의 가장 위대한 작가로 손꼽히는 뒤샹은 1917년 미국 독립예술가협
회가 주최한 전시회에, 공산품 소변기에 욕실용품 제조업자의 이름 R. MUTT을 서명
해 '샘(fountain)'이라는 제목을 달아 출품했다. 절대주의 화가 말레비치(Kasimir
Malevich)의 〈흰 바탕 위의 검은 사각형〉, 그리고 러시아 구축주의 작가인 로드첸코
(Aleksandr Rodchenko)의 〈검정 위의 검정〉은 외부현실과 연관되는 모든 형상(언어)
을 거부하고, 그에 따른 모든 판단을 중지시켰다.
8 Danto, A., *Embodied Meanings: Critical Essays and Aesthetic Meditations*, Far-
rar, Straus, and Giroux, 1994.

기성 사회 곧 현실과 불화(不和)하는 현대예술과 미학은, 아름다움을 비롯한 고전의 가치를 필연적으로 학대하거나 배척한다. 현대예술가와 철학자가 판단하기에, 아름다움은 우리로 하여금 현실을 제대로 보게 하기는커녕 도리어 (부조리하고 불합리한) 현실의 실상을 가린다. 그럴 뿐 아니라 위안 혹은 위무(慰撫) 효과로 우리로 하여금 현실에 안주하게 만든다.

다다와 초현실주의 예술가를 포함해 아도르노, 벤야민(Walter Benjamin), 블로흐(Ernst Bloch) 등 수많은 지식인이 보기에, 현대사회는 소외, 냉담, 억압, 파편화 등 비인간적 경험을 필연적으로 낳는다. 그리고 과학기술, 관료주의, 자본 권력에 의해 장악되어, 언제든 전체주의로 흐를 위험을 내장한 '닫힌 사회'다. 이러한 상황에서 예술가와 지식인이 감당해야 할 책무는 다음과 같은 것들이다. 첫째, 문명이라는 이름 아래 은닉된 현실 세계의 야만성을 눈앞에 드러낸다. 둘째, 일정 부분 고통스러운 현실을 미메시스(mimesis, 동화됨)를 통해 견딜 수 있도록 한다. 셋째, 인간소외를 낳는 상품화(상품 물신주의)에 저항함으로써 예술과 인간성의 가치를 지켜낸다.

아도르노와 벤야민은 현대예술(의 기획)의 정수를 이렇게 제안했다. 현대예술은 '새로운 형식'이 핵심이다. 새로운 형식은 부르주아 자본주의 사회에 전형적인 전통에 대립하는 적대성을 내포한다(아도르노). 현대예술의 핵심은 총체성으로 나타나는 (거짓)외양에 맞서는 파편들의 결합이다. 파편들의 결합은 알레고리 형식을 띤다(벤야민). 상호 충돌하는 이질적 요소들의 병치 혹은 공존으로 구성되는 몽타주는, 아도르노와 벤야민 모두에게 현대예술과 미학의 근본원리다. 유기적 형식에 대립하는 새로운 형식이다.

20세기 전반의 예술가와 철학자가 아름다움을 적대시한 것은, 그러니까 아름답게 만드는 예술의 구조를 파괴하고자 한 것은, 아름다움이 지닌 조화와 질서가 현실을 봉합하는 환영의 감각을 낳는다고 생각했기 때문이다. 그와 반대로, 주변적인 것, 괴상한 것, 기형적인 것, 폐기된 것, 그리고 그로써 생산되는 추한 것, 파편적인 것, 혼돈스러운 것은 그러한 환영의 감각을 뒤엎어버릴 수 있다고 생각했다. 이러한 생각의 밑바탕에는, 현대가 만들어낸 세상 그 자체가 아름답기보다 추하다 혹은 추하게 보인다는 판단이 깔려있다.

그런데 그러한 관점과 논리는 20세기 후반에 이르러 설득력을 잃었다. 매스미디어, 광고, 상품, 만화 등 대중문화의 시각 이미지를 적극 수용한 팝 아트(Popular Art, 대중예술)가 예술계를 주도하면서다. 팝 아트는, 예술과 삶을 가르는 경계를 없애고자 한다는 점에서는, (예술이 자신을 규정하는 테두리를 무너뜨리려고 한) 아방가르드 예술의 '자기비판'의 정신을 일정 부분 잇는 것으로 볼 여지가 있다. 그리고 상품 곧 물질문화에서 삶의 만족을 구하는 현대인의 모습을 눈앞에 압축적으로 보여줌으로써 반성의 계기를 제시한다는 점에서, 여전히 '사회비판'의 의도를 어느 정도 내장하고 있는 것으로 해석할 여지가 있다.

그런데 팝 아트 예술가는 거의 대부분 사회에 대해 비판적이라기보다 도리어 적극적으로 상품이 되어 사회에 편입되고자 한다. 그런 점에서 팝 아트는 아방가르드와 모더니즘의 정신을 계승한다고 보기가 매우 어렵다. 그렇기는커녕 심지어 그것과 정반대의 위치에 있다고 생각할 수도 있다. 팝 아트 예술가는 예술과 삶의 경계를 없앤다는 논리로 소비문화에 저항하기보다 왕왕 굴복한다. 더 나아가 소비 마케팅에 기꺼이 편승한다. 예술가, 특히 현대 예술가는 매체의 무관심을 가장 두려워하기 때문이다. 예술가는 악담이든 혹평이든, 시선을 끌지 않고서는 예술가로서 존재 의미가 없다. 그뿐 아니라 작품은 팔려야 한다. 가급적 고가(高價)로. 그것이 곧 (자본주의 사회에서) 예술가로 존재하는 방식이자 (세속적으로) 성공하는 방식이다.

노동자가 자본(가)에 저항하는 것은 단순히 무모하다. 무모함을 무릅쓰고 감행하더라도 저항은 한시적일 뿐, 근본적 변혁은 낙타가 바늘귀를 통과하는 만큼이나 불가능하다. 가진 것이 몸밖에 없는, 그래서 몸으로 살아가는 사람을 '프롤레타리아'로 규정한 마르크스의 말을 떠올리면, 우리 모두 프롤레타리아인 셈이고, 그래서 뇌의 정보를 팔든 근육의 힘을 팔든, 우리 자신을 팔아야 삶을 이어갈 수 있는 처지다.

그럼에도 불구하고 적지 않은 사람들은 정신의 영역을 책임지는 종교인, 그리고 한발 더 나아가 철학가나 예술가에게 (어느 정도) 마음을 기댄다. 기대나 희망을 품는다. 적어도 그들만큼은, 몸이나 삶의 상품화에 온전히 구속되기보다 어느 정도 자유로워 사회적 혹은 공적 가치를 유지하기 바란다. 예술가는 누구보다 그 사실을 잘 알고 거기에 예민하다. 자신의 작업실을 공장이라 부르며 작품을 마치 공산품 만들어내듯 찍어낸 팝 아트 아이콘 워홀(Andy Warhol)은 자신의 예술을 "세상의 거울"이라고 불렀다. 그리고서 미국 자본주의 소비 사회의 진부성과 공허함을 '표현'(고발)했다. 한국인이 가장 사랑하는 화가 고흐

(Vincent van Gogh)가 신학을 공부하고 나서 화가가 되기로 결심한 것은, 자신의 그림으로 가난한 사람들의 영혼을 위로하기 위해서다.

현대예술을 (도덕, 심지어 종교적 금기와 법질서에 대한) 위반과 충격의 몸짓으로 끌고 가는 것은 바로 그러한 이유에서다. "정치적 행동주의, 분개, 그리고 고발"이라는 아방가르드의 정신의 맥을 일정 부분 잇고자 하기 때문이다. 만초니(Piero Manzoni)가 자신의 똥을 담은 깡통들은 소더비(Sotheby) 경매 시장에서 2억 가까운 값에 팔렸고, 세라노(Andres Serrano)가 오줌에 담근 십자가 사진은 3억 가량에 팔렸으며, 무라카미(Takashi Murakami)의 벌거벗은 남자가 자위로 사정하는 조각은 소더비에서 20억 가량에 팔렸고, 1999년 터너 상(Turner Prize) 후보작으로 오른 에민(Tracey Emin)의 콘돔과 속옷과 여러 잡다한 것들이 어지럽게 방치된 어지럽혀진 침대는 얼마 전 43억에 팔렸다. 상어를 반으로 자르고, 절단한 소머리에 파리가 날아들어 구더기가 생기고, 구더기가 다시 파리가 되는 과정을 반복해 보여주고, 해골에 수천 개의 다이아몬드를 붙인 허스트(Damien Hirst)와 함께, 오늘날 최고의 인기 작가로 꼽히는 쿤스(Jeff Koons)는 자신과 부인과 한 성행위 장면을 다양한 매체에 옮겨 유명세를 얻었다.

예술의 주적(主敵)은 자본이 아니라 클리셰(cliché) 곧 진부성이다. 어떤 형식으로든 주목하게 함으로써 우리의 감각이나 인식을 건드리지 않는 것은 예술일 수 없다. 좀 더 나아가, 설령 우리의 주목을 끌지 않더라도 예술은 반드시 의식이나 지각을 건드려야 한다. 그리하여 배경으로 물러나 산만한 지각의 상태로 머물거나, 때로는 심지어 우리의 시선으로부터 완전히 사라졌을 때조차, 예술은 그것이 우리에게 남긴

여운, 그러니까 우리 몸에 여전히 서성거리는 모종의 기운으로 세상이 무언지 모르게 다르게 보이도록 만든다. 예술의 징표는 그렇게 직접적이고 감각적인 쾌락을 넘어서는 데 있다. 할리우드 영화가 대개 그렇듯, 단순히 즐거움을 주는 것에 그치는, 그러니까 그것을 벗어나자마자 연기처럼 사라지는 것은 예술이라 할 수 없다. 혹은 예술로 보기 어렵다. 예술은 감각하는 동안 존재하는 음식과 다르다. 그런 까닭에 예술, 특히 현대예술이 충격의 가치와 맞물리는 것은 비난이 아니라 긍정해야 할 필연적 사태다. 단순한 긍정이 아니라 비판적 긍정이 중요한데, 쉽지 않다.

'충격과 위반'은 지난 한 세기 현대예술의 규범을 형성해 왔다. 뒤샹(Marcel Duchamp)이 〈샘(Fountain), 1917〉이라는 작품명으로 소변기를 내민 이후, 우리에게 남겨진 것들은 모두 벗어나고 파괴해야 할 대상이 되었다. 그것이 무엇이든 그리고 어떤 소중한 가치를 지니고 있든 부정해야 할 대상이 되었다. 오늘날 우리를, 우리의 문명을, 우리의 삶의 가치와 의미를 구성하고 떠받쳐온 귀중한 유산들 또한 예외가 아닌데, 지금도 확실히 그렇다. 아름다움은 그 중의 하나다. 예술이라는 이름으로 자행된, 그리고 지금도 열린 공간에서 자행되고 있는 이 야만적 사태는 정확히, 현대예술이 저질러온 공적(功績)이자 과오(過誤)인데, 과오를 개탄하는 소리는 어디서도 제대로 들을 수 없을 만큼 흐리고 여리다. 현대인은 마치 니힐리즘을 강령인 양 떠받든 채 그것을 한 치 의심 없이 실천하고자 애쓰는 신도인 양, 제가 서 있는 바닥을 부숴왔다. 마치 예술(과 미학)이 기댈 이념이 저항과 파괴(에 의한 진보)밖에 없는 듯 말이다.

돌이켜보건대, 양차 세계 대전과 산업 자본주의의 거침없는 발전으로 실존의 불안과 억압과 소외에 내몰린 예술가가, 그것도 마르크스와 프로이트가 강력한 문화적 자장(磁場)을 형성한 세상에서 취할 수 있었던 미학 어젠다는, 공격적인 좌파일 수밖에 없다. 마르크스는 노동자의 혁명을 촉구했으며, 프로이트는 문명이라는 이름으로 억압된 무의식을 설파했다. 그런데 그러한 태도와 행동은 얄궂게도, 새로움을 무한히 닦달하는 현대성의 세계에 저항하거나 파괴하기보다 순응하는 것으로 귀결된다. 끝없이 내부를 파괴하면서 외부를 안으로 끌어들이는 방식으로 성장해나가는 것은, 다른 무엇보다도 자본주의 기제가 가장 탁월하기 때문이다. 슘페터(Joseph Schumpeter)가 '창조적 파괴'라는 표현으로 주창했듯, 파괴는 자본주의의 핵심 성장 동력이다.

그런데 저항과 파괴가 대세인 세상에서는 거꾸로, 지켜내는 것(보수)이 오히려 저항이다. 여기서 '보수'라는 용어로 말하고자 하는 것은, 기성의 것을 무차별적으로 고수(固守)하는 것이 아니다. 그것은 구태나 현재 상태를 모두 그대로 유지하는 것이 아니라, 예컨대 성스러움, 진리, 자유, 정의, 사랑, 아름다움, 공동체 등처럼, 우리가 진실로 인간으로 살기 위해 어떤 경우에도 잃어서는 안 되는 절대적 가치를 붙잡고자 하는 정신과 태도와 행동을 가리킨다. 충격과 위반이 가치를 획득하는 것은 철학적으로 '초월적인 것'이라 부르는 것, 그러니까 여타의 모든 가치와 의미를 성립시키는 그러한 가치들(예컨대, 진선미 등)의 테두리 바깥이 아니라 '안'이기 때문이다.

우리 세상은 여러 악이 만연하다. 무엇보다도 악의 존재를 부정하는 '상대주의'라는 악이 널리 퍼져있다. 보수(保守)에 대한 반작용인 셈인데, 필자는, 세상사는 모두 선과 악이 아니라 오직 개인의 '호불호(좋아하고 좋아하지 않음)'의 문제일 뿐이라고 주장하는 한 대학 교수와, 바로 그 주장을 놓고 카페가 문 닫을 때까지 토론한 적이 있다. 그는 심지어 아우슈비츠(를 초래한 것)도 악으로 받아들이지 않았다.

선과 악은 윤리적 문제다. 윤리는 근본적으로 나와 타자(들)의 사이에 끼어들어 나와 타자(들)가 함께 사는 방법을 다룬다. 그로써 선과 악을 내가 타자(들)와 어떻게 관계하느냐에 따라 파악하고 규정한다. 현상학과 해석학에 정통했던 프랑스 철학자 리쾨르(Paul Ricœur)는 윤리의 세 가지 구성요소로서 '좋은 삶, 배려, 정의'를 제시했다. '좋은 삶'은 자기 존중, '배려'는 내가 대하는 타자(들)를 나와 동등한 존재로 인정하는 것, 그리고 '정의'는 내가 대하지 않는 익명의 타자들에 관한 것으로서 제도에 바탕을 둔다. 범위를 최대한 넓혀, 악은 그의 관점에서 이 셋을 벗어나는 것, 곧 자기 비하, 타자를 열등한 존재(나 도구)로 대하는 것, 정의롭지 못한 제도에 해당한다.

'악'은 보편적 관점 곧 '윤리의 황금률'에 따라 규정할 수 있다. '남한테 바라는 대로 남에게 해주어라.'는 예수의 말씀이나, '남한테 바라지 않는 것을 남에게 행하지 마라.'는 공자의 말씀이 대표적이다. '너의 행위가 보편법칙이 될 수 있는 격률에 따라 하라.'는 칸트의 정언명령은 거기에 기초한다. 대표적인 악으로 폭력을 들 수 있는데, 그것의 극단적 형태는 살인이다. 리벤지 포르노와 불법 촬영에 의한 음란물 공유를 포함해 모든 형태의 성폭력은 인격 살해 행위로서, 상대주의나 소피스트 논리로 정당화 할 수 없는 '명백한' 악이다.

　　보수에 기생하는 근본주의도 상대주의만큼이나 무척 우려해야 할 악인데, 오늘날 우리 사회뿐 아니라 지구마을 곳곳에 횡행한다. 근본주의는 사회적 발원지가 20세기 초 미국 개신교이지만, 일반적으로는 의미를 확장해, 당연한(절대적인) 것으로 확신해 세상에 전투적으로 실현하려는 믿음과 가치를 가리킨다. 어떤 이념이나 가치를 진리로 확신하지만 그것을 타자(들)에게 강요하지 않고 자신의 개인적 차원에서 살아가는 것은 아무 문제없다. 사회적으로 윤리적 문제를 불러일으키지 않기 때문이다. 근본주의가 문제시되는 것은 나와 타자(들)의 관계를 다루는 윤리의 영역에서다.

　　본질적으로 현대성에 대한 반작용으로 출현한, 그러면서 그와 동시에 현대성에 속하는 근본주의는, 모태가 그러한 까닭에 항상 반(反)작용적이다. 근본주의의 위험과 불행은 바로 거기에 있다. 세상을 선과 악이라는 흑백 구도로 나누는 근본주의자는 항상 불신자를 만날 수밖에 없는데, 그에게 믿지 않는 자는 개종시키거나 제거해야 할 '위협'이기 때문이다. 그가 벌이는 싸움이 그래서 결코 끝날 수 없다. 근본주의의 현실적 문제는, 근본주의자는 자신이 판단하는 '위협'을 자신이 제거할 수 없는 상황에서 항상 혐오의 감정(으로 언행)을 표출한다는 것이다. 인종과 성(性)이 대표적이다. 극우의 도덕에 기초해 극단적인 혐오를 서슴지 않던 '일베'를 포함해, '태극기'라는 기호로 호명되는 집단, 그리고 퀴어 축제에 대응하는 기독교 집단이 우리 사회의 대표적 근본주의다. 요즈음 한창 젠더 전쟁을 벌이고 있는 '메갈리아'와 '워마드'도 일방적이고 전투적 언행에 치우쳐 근본주의로 기우는 모습은 적잖이 우려스럽다. 알카에다 911테러로 야기된, 이슬람 근본주의자와 미국(의 종교적 정치적) 근본주의 간의 지구적 차원의 '종말 없는' 전쟁은, 문명이 낳은 21세기의 또 다른 비극이다.

 상대주의와 근본주의로부터 자유롭지 않은 모든 언행은, 그것이 정
치적이든 정치적이지 않든, 그리고 의도적이든 의도와 무관하든, 언제
든 '악'으로 전락할 소지가 다분하다. 예술도 예외가 아닌데, 특히 정
치적 예술이 그렇다. 정치적 예술은 어떤 방식으로든 헤게모니에 도전
하는 것이어서도 그렇지만, 무엇보다도 메시지를 전달하는 방식으로
그리하기 때문에 그렇다. 정치적 예술은 필히 작가의 의도가 드러날
수밖에 없다는 점에서 가능성이자 위험이다.

아름다움, 투명한 편견

　과학을 제외하고, 미학을 포함한 거의 모든 이론은 그것이 속한 특정 시대로부터 자유롭지 않다. 시대의 정조(情調) 곧 그것을 둘러싼 세계의 '기분(Stimmung)' 혹은 기운에 사로잡힌다. 아름다움이 지난 백년 간 사소한 것으로 처분될 수밖에 없었던 것은, 20세기 초 터진 세계대전(世界大戰)을 기점으로, 이성으로는 도무지 이해할 수도 받아들일수도 없는 광기가 초래한 폭력적 사건들의 경험 탓이다. 아우슈비츠는 20세기의 예술가와 지식인이 영원히 씨름할 수밖에 없었던, 그리고 지금도 종종 언급하는 세계의 '트라우마(trauma)' 다.

　'아우슈비츠 이후 서정시를 쓰는 것은 야만' [1]이라는 아도르노의 유

1　아도르노(Theodor Adorno)의 *Prisms*(trans. by Samuel and Shierry Weber, The MIT Press, 1981)의 첫 에세이로 다시 게재된, 1949년 에세이 "문화비평과 사회(Cultural Criticism and Society)"의 다음과 같은 결론 부분에 등장한다. "사회가 총체적이 되면 될수록 정신의 물화가 더 심해지고 스스로 물화로부터 벗어나고자 하는

명한 발언은 그것을 압축적으로 웅변한다. 아렌트(Hannah Arendt)가
그러했듯, 계몽의 이면에 도사리고 있던 극도의 야만적 폭력은, 20세
기 지식인이 평생 숙고하며 풀어야 할 난제거나 아포리아였다. 지난
한 세기 아름다움이 예술과 미학의 뒷무대로 밀려날 수밖에 없었던 것
은, 그 맥락에서 역사적으로 필연적인 귀결이다.

　　요즘은 듣기 힘들지만, 필자는 오래전 '세월이 약(time heals all
wounds)'이라는 말을 종종 들었다. 개인의 트라우마는 세월도 낫게
할 수 없다고들 하지만, 사회적 트라우마는 세대가 바뀌면 대개 희미
해지고 잊힌다. 그리하여 사태의 핵심은 빠져나가고 껍데기만 남는다.
아름다움의 사태가 정확히 그렇다. 왜 아름다움으로부터 등을 돌려야
하는지, 왜 그 말을 금기어로 삼아야 하는지 까맣게 잊거나 알지 못한
채 지금도 그리한다. '2016년 게티 미술관의 저명학자 강의(The 2016
Getty Museum Distinguished Lectures)'에 초대된 브레텔(Richard
Brettell)의 발언은 그것을 잘 보여준다. 〈현대의 아름다움을 향하여:
마네, 고갱, 세잔느〉라는 제목으로 시작한 첫 강의에서 그는 이렇게 고
백한다.

　　아름다움에 대해 이야기하겠지만, 어떻게 해야 할지 어떤 아이디어도
　　없다고 고백할 수밖에 없습니다. 왜 그러한지 한 이유를 말하자면, 예

노력이 더 모순적이 된다. 심지어 가장 극단적인 파멸 의식이 수다로 퇴행하는 위험에
직면한다. 문화비평은 문화와 야만의 최종 단계의 변증법에 직면한다. 아우슈비츠 이
후 시를 쓰는 것은 야만적이다. 그리고 그것은, 왜 오늘날 시를 쓰는 것이 불가능하게
되었는지에 대한 앎을 부식시킨다. 지성적 진보를 그 자체의 한 요소로 상정한 절대적
물화는 이제 정신을 온전히 흡수하기 위해 준비 중이다. 비판적 지성은, 자기만족의
숙고에 스스로를 한정하는 한 그 도전의 적수가 될 수 없다."(밑줄은 필자가 쳤다.)

술역사가인 우리는 발표할 때 아름다움에 대해 말하는 것이나 심지어
그 말을 거론하는 것을 결코 배운 적이 없기 때문입니다. 사실, 예술 역
사 분야로 세 개의 [예일대] 학위를 가지고 있지만, 미학이나 미(美)철
학의 과목들 중 한 과목도 수강한 적이 없습니다. 지각(知覺) 있는 사
람에게는 다소 이상하게 들리겠지만 사실입니다. 텍사스대에서 학생들
에게 시각예술 입문을 가르치던 것이 생각나는데, 대부분 과학자들인
데, 지난 학기 제 수업을 듣는 400명 학생들에게 피카소에 대해 들어본
사람이 있는지 물었는데, 아무도 손들지 않았습니다. (…) 수업이 끝나
고 한 젊은 친구가 나에게 와서 말했습니다. 브레텔 박사님, 당신이 한
학기 내내 예술 작품에 대해 이야기하면서, 어떤 작품도 아름답다고 하
거나 아름다움이라는 말을 쓰는 것을 본 적이 없는데, 그것은 참 흥미
롭습니다. 이것이 나의 머리를 때렸습니다. 그래서 프린스턴대학교
'Institute for Advanced Studies'에 있는 중요한 예술역사가인 가장 친
한 친구에게 편지를 썼고, 그 다음날 아름다움에 대한 금기를 언급한
짧은 이메일을 받았습니다. 나와 함께 전시를 보면서 벤자민이 무엇인
가 아름답다고 한 말을 사과한 것이 생각납니다. 이상한 구속이지 않습
니까? 미학적 즐거움으로 분주한 우리와 같은 사람으로서 말입니다.
우리는 정말 미학적 즐거움으로 분주하지만, 아름다움의 개념은 무시
합니다.[2]

　예술 전공 학위를 세 개나 가진, 예술 작품의 아름다움에 대한 강의
로 초대받은 저명한 학자가, 미학 과목을 수강한 적이 전혀 없다는 사
실은 우리가 좀처럼 받아들이기 어렵다. 예술 작품에 대한 강의에서

2　https://www.youtube.com/watch?v=j7rSZIlHi_4

아름다움이라는 말을 거론조차 하지 않는 것, 심지어 아름다움이라는 말을 무의식중 내뱉은 것을 나중에 사과하는 것은 이상하기 짝이 없다. 이 희한한 장면은 얼마 전 필자가 주관한 '아름다움' 강좌에서도 목격되었다.

한 강사는 자신의 강의에서 아름다운 것이 싫고, 징그러운 것이 편하다고 말했다. 어떤 사태가 아름다워 눈물을 흘렸다는 그 강사는, 그렇게 아름다움에 감동한 자신이 너무 싫다[3]고 했다. "스탠딩 맨"의 퍼포먼스를 예시하며 이성이 도착하기 전에 움직이는 몸의 중요성을 갈파하고 있는 미학자가, 자신은 정작 이성이 작동하기 전에 움직인 몸의 반응이 싫다고 하는 것은 얼마나 모순인가. 그런데 그는 왜 아름다움을 억압하는가? 그것은 아름다움에 대한 다음과 같은 그의 편견에서 비롯한다. 그에 따르면, 거리를 둔 채 아름다움을 느끼는 주체는 편안한 가운데 대상을 소유한다. 따라서 아름다움은 '대상화'라는 폭력성을 내포한다. 이 의견은 얼마나 믿을 만한가?

한국의 미학자는 아름다움이라는 사태가 무슨 일을 야기하는지 그리 철저하게 살피지 않은 것 같다. 고대의 소크라테스가, 그리고 중세 이탈리아의 시인 단테(Dante Alighieri)가, 그리고 21세기 개시 직전에 사망한 영국 소설가이자 철학가 머독(Iris Murdoch)이 말했듯, 아름다움을 경험하는 자는 편안하기보다 위태롭다. 아름다움을 경험하는 일은 대상을 소유하기는커녕 자기 자신을 잃어버릴 위험에 빠트린다. 아름다운 대상 앞에서 무슨 일이 벌어지는지, 소크라테스(플라톤)

---

3 '역겹다'는 표현을 썼는지 정확하지 않지만, 매우 싫어한 것은 틀림없다.

는 이렇게 쓰고 있다.

> 신과 같은 얼굴이나 '아름다움'을 제대로 보존한 신체적 형태를 보면,
> 떨리고 두려움이 덮친다. (…) 그를 보고 나면 냉담함이 땀과 고열로
> 바뀐다. (…) 아름다운 소년보다 더 중요한 것은 그의 영혼에 없다. 엄
> 마나 형제들이나 친구들은 아무것도 아니다. 기꺼이 다른 모든 것을 홀
> 대하고, 설령 그 자신이 그것을 잃는다고 해도 그보다 더 큰 염려는 아
> 닐 것이다.[4]

베아트리체를 대면한 단테가 정확히 그러한 폭력적 떨림을 겪었다.
단테는 떨림 속에 이렇게 내뱉었다.

> 여기 나보다 더 강한 신이 있구나. (…) 오, 슬프도다! 이 순간부터 나
> 는 종종 정신을 못 차릴 것이니.[5]

머독은 아름다움이 우리를 이기심으로부터 벗어나게 만든다고 했으
며,[6] 스카리는 프랑스 사상가 베유(Simone Weil)의 말을 인용해 '탈
(脫)중심화(decentering)'라는 용어로 아름다움을 경험할 때 벌어지는
사태에 대해 이렇게 쓰고 있다.

---

4 Plato, *Phaedrus*, trans. by Alexander Nehamas and Paul Woodruff, Hackett, 1995, 251a-252a.

5 Alighieri, D., *The New Life(La Vita Nuova)*, trans. by D. G. Rossetti, Ellis and Elvery, The Project Gutenberg eBook, 2012, 124.

6 Murdoch, I., *The Sovereignty of Good over Other Concepts*, Ark Paperbacks, 1885, 84.

아름다운 무언가를 볼 때 우리는 근본적인 탈중심화를 겪는다. 베이유에 따르면, 아름다움이 요구하는 것은 '우리가 중심이라고 상상하는 자리를 포기하는 것 (…) 감각 인상과 심리적 인상을 즉각 받아들일 때 우리의 감수성의 뿌리 바로 거기서 발생하는 변형'[7]이다.

아름다움에 대한 편견은 생각보다 넓고 깊다. 그리고 그러한 편견은, 편견을 가진 자가 아름다움에 대해 거의 반사적으로 등을 돌리게 한다. 앞서 언급한 게티 미술관 초청 강연자 브레텔과 그의 친구처럼, 예술사학자가 어떤 편견에 사로잡혀 아름다움의 문제를 도외시해 왔는지, 심지어 터부시해 왔는지 알 수 없지만, 아름다움에 대해 품고 있는 생각은 대개 '예쁘다, 귀엽다'라는 형용사처럼 작고 약한 대상과 연관된다. 그럴 뿐 아니라 주로 시각과 직결된다. 음악만큼 아름다움과 직결되는 영역이 없는데도 말이다.[8] 그러한 까닭에 아름다움은 여자를 (성적으로) 대상화하는 젠더 문제로 손쉽게 처분되는데, 이 문제가 발생하는 근저에는 서구의 '시각 중심주의(ocularcentrism)'[9]라는, 가볍게 넘어갈 수 없는 오래 묵은 이데올로기가 있다. 시각은 남성의 전유물, 그리하여 여성은 시각적 즐거움의 주체에서 제외되는 것으로 간주하는 습성이 그로써 고착화되었다. 주체의 개념이 들어서는 순간 수반

---

7 Scarry, E., *On Beauty and Being Just*, Princeton University Press, 1999(Kindle version), 111.

8 인도의 시성(詩聖) 타고르(Rabindranath Tagore)에 따르면, 음악은 가장 순수한 예술 형태로 아름다움을 가장 직접적으로 표현한다. Tagore, R., "Music is Beauty", Reader's Digest, May, 2016. 그는 또한 이렇게 말했다. "음악은 두 영혼 사이의 무한을 채운다."

9 Jay, M., *Downcast Eyes: The Denigration of Vision in Twentieth-Century French Thought*, University of California Press, 1993.

되는 '대상'의 개념, 그러니까 '대상화' 행위 또한 나쁜 것이 자명하다는 생각 또한, 소위 '많이 배운' 사람들의 고정관념이 되었다. 주체와 대상 간의 경계가 실제로 소멸되는 경험은 일상의 삶에 극히 드물거나 전혀 없는데도 말이다. 게다가 여성 또한 아름다움의 주체인데도 말이다.

아름다움을 젠더 차원에서 파악한 역사는 오래 되었다. 서구 계몽시대인 18세기, 아름다움을 다루는 미학을 하나의 철학 분과로 정초시킨 수많은 텍스트들은 대개, 젠더 관점에서 미학적 경험을 구분하고 예술작품을 분류했다.[10] 아름다움을 조화와 비례와 같은 대상의 속성이 아니라 심리적 차원에서 규명하고자 한 버크(Edmund Burke)는, 아름다움과 숭고의 경험을 여성과 남성에 속한 것으로 구분해 해명했다. 그에 따르면, 아름다움은 여성의 성(性)이 최고에 달한 상태로서, 거의 항상 '약함과 불완전성'이라는 아이디어를 수반한다. 따라서 가장 강력한 힘을 지닌 아름다움은 '도움이 간절한 상태의 아름다움(beauty in distress)'이다. 그와 대조적으로 "항상 위대한 대상에 존재하는" 숭고는, "작고 우리를 즐겁게 하는" 것들에서 발견되는 아름다움과 달리, 사랑이 아니라 존경을 야기한다. 예컨대 "아버지의 권위"에서 발견되는 숭고는 "어머니에게서 갖는 모든 사랑을 막는다." 다음의 버크 문장은 아름다움을 젠더의 문제와 즉각 연관시키는 우리 당대의 편견의 뿌리다.

---

10   예술 작품을 젠더 용어로 서술한 것은 고대에 흔했다. 현존 건축 텍스트들 중 가장 오래된 〈건축십서〉의 저자 비트루비우스(Vitruvius)는 도리아 기둥이 남자 신들의 "웅혼한 힘"을 나타내는 데 온당하다고 여긴 반면, 섬세하고 장식적인 코린트 기둥은 여자 신들에게 할당했다.

우리는, 우리가 존경하는 것에 복종하지만, 우리에게 복종하는 것을 사
랑한다.[11]

'남성 중심주의(androcentrism)'는 아마도 역사가 시작된 만큼이나
오래되었다고 할 수 있는데, 심지어 '이성의 시대'에서도 그것이 하나
의 진리처럼 유통된 것은 이해하기 어렵다. 프랑스 사상가이자 소설가
루소(Jean-Jacques Rousseau)의 다음의 진술은 우리 사회에 잔존하는
가부장 이데올로기의 표상이다.

남성은 적극적이고 강하며, 여성은 수동적이고 약하다. [그리고 여성
은] 즐겁게 해주고 복종하기 위해 만들어지는 [반면, 남성의] 장점은 그
의 힘에 있다.[12]

지적 작업뿐 아니라 온 삶을 오직 이성에 정초해 살고자 애쓴 계몽
의 아이콘 칸트(Immanuel Kant)도 아름다움을 젠더의 차원에서 바라
봤다. 그는 이미 유명한 철학자가 된, 우리나라 계산법으로 마흔 살에
아름다움과 숭고의 감정에 대한 에세이[13]를 완성했는데, 그는 거기서
아름다움과 숭고를 젠더의 특성에 따라 구별했다. 칸트는 숭고와 아름
다움의 특성을 다음과 같이 젠더 차이로 설명한다.

11   Burke, E., *A Philosophical Enquiry into the Origin Of Our Ideas of the Sublime and Beautiful*, Second Edition, 1759, Section XII.

12   Rousseau, J., *Emile or On Education*, trans. by A. Bloom, Basic Books, 1979, 214.

13   Kant, I., *Observations on the Feeling of the Beautiful and the Sublime and Other Writings*, ed. by P. Frierson and P. Guyer, trans. by John T. Goldthwait, Cambridge University Press, 2011.

숭고는 항상 커야하고, 아름다움은 작을 수밖에 없다. 숭고는 단순해야
하고 아름다움은 장식적일 수밖에 없다. (…) 여자에게서는 모든 다른
장점들이 아름다움이라는 특성을 강조하기 위해 합쳐지는데, 그것이
온당한 참조점인 반면, 그와 대조적으로 남자의 특성들 중에는 숭고가
명백히 마땅한 기준으로 돌출된다. 두 젠더에 대한 비난뿐 아니라 칭찬
에 대한 모든 판단은 바로 그것을 기준으로 삼아야 한다.[14]

그가 판단하기에, 숭고는 이해 능력과 연관되는데, 여자는 "딱 남자
만큼의 이해를 갖고 그 이해는 그저 아름다운 이해인 반면, 우리[남자]
의 이해는 숭고와 동일한 것을 뜻하는 더 깊은 이해가 되는 것이 마땅
하다."[15]

아름다움에 대한 논의를 인문학이 특히 20세기 후반에 추방한 것은,
스카리에 따르면 정치적 불만 때문이다. 큰 이유는 두 가지다. 첫째,
아름다움은 주의를 산만하게 만들어 사회적 불의에 주목하지 못하게
한다는 것이며, 둘째, 앞서 예시한 한국의 한 미학자의 발언처럼, 아름
다운 무엇을 응시하는 것은 대상에 파괴적이라는 것이다. '본다는 것'
은 대상을 '물화(物化)'시키는 행위라는, 그러니까 시각 자체에 대한
일반적 비판과 맞물린다. 스카리는 이 두 주장이 상호모순적일 뿐 아
니라, 각각의 주장 또한 사실이 아니라는 점을, 자신의 책『On Beauty
and Being Just』에서 세세히 논증한다.

---

14   앞 책, 17-36.
15   앞 책, 17-36.

우선 두 번째 비판에 대해 스카리의 논점에 따라 검토해 보자. 아름
다운 대상은 인간으로부터 시, 사물, 그리고 개념에 이르기까지 광범
위하게 존재하는데, 보는 행위가 해를 끼친다는 주장은 오직 '사람'에
게만 적용할 수 있다. 보는 행위가 그림이나 사물에게는 해를 입힐 수
없기 때문이다. 아름다운 것은 해를 끼치기는커녕 도리어 그것을 아끼
고 보호하게 만든다. 그렇다면, 아름다운 사람은 정말 해를 입는가? 문
제를 훨씬 더 단순히 만들어, 잘생긴 사람은 해를 입는가? 아름다움이
경쟁력이라는 사실을 모르는 사람은 우리 사회에 아마 없을 것이다.[16]
과학적 연구 결과는 아름다운 외모가 손해가 아니라 이익을 본다는 사
실을 입증한다. 미국의 *National Science Foundation*에서 지원받은 한
논문이 발견한 "가장 현저한 결과"는, "평균적으로, 남자와 여자는 그
리 다르지 않게 행동했고, 매력적인 사람은 매력적이지 않은 사람과
그리 다르지 않게 행복했다. 그럼에도 불구하고, 아름다움과 젠더가
수입에 중대한 효과를 미쳤다."[17]는 사실이다.

첫 번째 비판에 대해, 스카리는 아름다움은 오히려 정의감을 불러일
으킨다고 반박한다. 그에 따르면, 아름다운 사람이나 사물에 '비자발
적으로' 끌리는 주목은, 그렇게 높이 끌어올려진 주목의 특성을 다른
사람이나 사물로 '자발적으로' 확장한다. 특정한 아름다운 대상에 대

<hr>

16   영국 시장조사기관인 유로모니터가 2014년 발표한 '세계 화장품시장 분석' 보
고서에 따르면, 한국의 남자 한 명이 지출하는 화장품 구매 비용은 세계 최고다. 39퍼
센트의 남자는 자신감을 얻기 위해, 32퍼센트는 경쟁에서 우위를 점유하기 위해서라
고 응답했다.

17   Andreoni, J. and Petrie, R., "Beauty, Gender and Stereotypes: Evidence
from laboratory Experiments", *Journal of Economic Psychology*, Vol. 29, Issue 1,
Feb. 2008, 73-93.

한 주목은, "마치 아름다운 사물이 전 세계 여기저기에 있는 것처럼, 지각에 대한 작은 '깨우기 전화'로 작용해, 사라진 주의력을 가장 예민한 수준으로 다시 박차를 가하게 한다."[18]

　스카리에 따르면, '아름다움은 정의(正義)에 대해 주목하도록 우리를 돕는다.' 스카리가 이 진술을 뒷받침하기 위해 개진하는 논점은 여럿이다. 첫째, 아름다움을 보는 자는 그에 대한 반응으로 종종 '새로운 아름다움'을 세계에 가져오고자 애쓴다. 둘째, 아름다움을 보는 자는 그 자신의 내적인 삶이 아름답게 변한다. 셋째, 아름다움은 아름다움을 보는 자의 생명을 구해주거나 생명력을 회복시킨다. 여기서 흥미로운 점은, 생명을 증여하는 아름다움은 상호적이어서, 아름다운 대상도 '살아있음'으로 충만하게 된다는 것이다.[19] 그리하여 아름다움은 우리가 세상의 '살아있음' 혹은 '살아있는 듯함'에 주목하도록 함으로써, 우리가 아름다움을 보호하는 자리에 서도록 만든다.

　스카리에 따르면, 아름다움은 깊은 층위에서 정의(正義)로 이어진다. '정당한(fair)'이라는 말은 어원적으로, '눈에 즐거운'이라는 뜻을 지닌 '아름다운' 혹은 '들어맞는'이라는 미학적 용례를 지녔다. 아름다움이 지닌 대칭성이라는 특성에 주목하는 스카리는, 정당성을 "모든 사람이 각자에 대해 대칭"으로 규정한 미국 정치철학자 롤스(John Rawls)에 따라, 이렇게 묻는다.

18　Scarry, E., *On Beauty and Being Just*, 80-81.
19　앞 책, 87-134.

우리는 왜 (…) 종국적으로 정의의 영역에 위치하는 대칭으로 우리를
인도하는 것이, 혹은 어떤 방식으로든 그 대칭을 발견하도록 우리를 돕
는 것이 바로 아름다움의 대칭이라는 햄프셔의 공식을 왜 그냥 수용하
면 안 되는가?[20]

스카리의 논점을 축약하면 이렇다. 아름다운 대상이 우리에게 즐거
움을 주는 비례나 리듬적 균등의 원리는 부수적으로 정의감을 불러일
으킨다. 그런데 여기서 흥미로운 점은 앞선 경우처럼 과학적 연구 결
과가 그것을 입증하고 있다는 점이다. 세 명의 심리학과 교수는 아름
다움에 대한 사랑은 대칭을 경유해 정의에 대한 사랑으로 연결된다는
명제를 실증적으로 연구했는데, 그들이 도달한 결론은 이러하다.

그러므로 이 연구 자료는 엘라인 스카리가 정의를 정당성에 대해 추론
하는 능력보다는 정당성의 특성으로 더 많이 보는 주장을 뒷받침한다.
(…) 그녀는 정의에 대한 동기 유발을 강조하면서, 정의를 특성과 같은
무엇으로, 그리고 특정하게는, 아름다움에 참여하는 것은 '정의에 대한
주목'을 유도한다고 보는 것 같다. (…) 이 연구는 21세기 예술가들에
게 아름다움의 역할에 관해 중요한 함의를 갖는다. (…) 우리의 이 연
구의 발견이 시사하는 것은 (…) 예술가는 아름다운 작품을 창조할 때
그것을 보는 대중이 정당성의 특성을 개발하는 것을 향상시킬 수 있다
는 것이다.[21]

20   Scarry, E., 앞 책, 96.
21   Diessner, R., Davis, L., and Toney, B., "Empirical Relationships Between Beauty and Justice: Testing Scarry and Elaborating Danto", *Psychology of Aesthetics, Creativity, and the Arts*, 2009, Vol. 3, No. 4, 249-58.

세 명의 심리학자는 자신들의 논문을 다음과 같은 단토의 문장으로 끝맺는다.

> 아름다움은 예술의 선택이지 필요조건이 아니다. 그러나 삶의 경우 그
> 것은 선택이 아니다. 아름다움은 우리가 그렇게 살고 싶어 하는 삶을
> 위한 필요조건이다. 그래서 아름다움은, 숭고를 포함해 다른 미학적 특
> 질들과 달리, 하나의 가치다.[22]

편견은 편견을 지닌 자에게 투명하다. 우리 각자가 지니고 있는 편견은, 다른 사람들은 쉽게 알아차릴 수 있지만 우리 자신은 인식하기 어렵다. 그 이유는, 편견이 인식의 표면이 아니라 근본에 자리 잡고 있기 때문이다. 『정의란 무엇인가』로 한국인에게 널리 알려진 마이클 샌델(Michael J. Sandell)의 아들인 하버드대 사회학 교수 애덤 샌델(Adam A. Sandell)은 자신의 저서 『편견이란 무엇인가(The Place of Prejudice)』[23]에서, 우리가 편견에서 완전히 자유로울 수 있다는 (불가능한) 생각 그 자체가 편견이라는 것을, 그럴 뿐 아니라 편견은 명석한 사고를 위해 필요한 본질적 요소라고 주장한다.

편견의 영어 낱말 'prejudice'는 라틴어 'praeiudicium' 곧 '앞선 판단'이라는 뜻을 지니고 있다. 따라서 해석학자 가다머(Hans Georg Gadamer)는 편견을 '이해의 지평'으로 본다. 이해란 곧 모르는 말을 아는 말로 바꾸는 행위로서, 앞서 지니고 있는 앎(과 판단)인 편견이

---

22   앞 책.

23   애덤 샌델, 『편견이란 무엇인가』, 이재석 옮김, 와이즈베리, 2015.

없으면 불가능하기 때문이다. 한 마디로 우리가 무엇을 이해하는 것은 편견 덕분에 가능하다는 것이다.[24] 이 맥락에서, 십년 전쯤부터 마치 유행처럼 여기저기 반복해서 출몰하는 '아카이빙 전시'는 (열린) 대화를 불구화시키는 무책임한 혹은 무능하고 안일한 전시 형식이 아닐까 싶다.

그렇다고 해서 편견이 절대적이라거나 고정적이라는 것은 아니다. 생각의 경계를 세포의 막처럼 이쪽과 저쪽이 삼투할 수 있게 할 수 있다면, 우리는 우리의 편견을 언제든 바꿀 수도 있고 넘어설 수도 있다. 소위 가다머가 제시한 "지평의 융합"이라는 방식에 의해서인데, 대상과 대화를 통해, 혹은 나의 편견과 상대방의 편견을 서로 주고받음으로써 우리 자신의 편견을 인식하고 그것이 지닌 문제나 한계를 극복할 수 있다. 여기서 핵심은, 피차 다른 생각(말)들을 주고받는 행위 곧 '대화'의 능력이다. 다르게 말해, 편견을 떨치거나 넘어서기 어렵다는 것은 곧, 대화가, 대화의 관계를 형성하는 것이 그만큼 어렵다는 것을 반증한다.

---

24   법륜 스님은 편견을 일면(한 면만 보는) 시각, 곧 부분만 보는 시각이라 비판하며, 전체를 보는 통찰을 가져야 한다고 가르친다. 그에 따르면, 깨달음이란 사물(사태)의 전면을 보는 통찰에 다름 아니다. 그렇다면 필자의 맥락에서는 이렇게 말할 수 있겠다. 법륜 스님이 말하는 '전체를 본다'는 바로 그 통찰이 바로 하나의 편견에 다름 아니다. 깨달음은 오직 그것을 넘어서는 더 큰 깨달음을 얻을 때까지만 깨달음으로 머물고, 따라서 우리는 최후의 가장 큰 깨달음이 우리에게 도래하기까지 늘 우리가 깨달았다는 '미망' 속에 머물 수밖에 없는데, 무엇이 가장 큰 깨달음인지는 우리 자신이 결코 알 수 없다. 법륜 스님은 또한 사물(사태) 전체를 보는 통찰에 이르면 종교와 과학이 일치점에 도달한다고 말하고 있는데 이 또한 매우 이상한 주장이다. 단적으로, 종교와 과학은 서로 다른 차원의 인식의 영역에 속하기 때문에 결코 그리될 수 없다. https://www.youtube.com/watch?v=t0xNhmbfpR0

프랑크푸르트학파의 비판이론의 계승자 하버마스(Jürgen Haber-mas)는 '대화적 합리성'으로 민주주의를 다시 한번 진보의 노선 위에 올려놓고자 했다. 『의사소통행위이론』은 그러한 기획을 위해 그가 필사적으로 완성한 생애 최대의 걸작이다. 그가 판단하기에, 합리적 토론은 공론 영역을 활성화시키기 위해 반드시 필요하다. 하버마스가 제시한 논리에 따르면 대화(토론)가 가능하기 위해서는, 평등하고 수평적 관계 안에서, 진술이 (과학적으로) 사실에 부합해야 하고, (윤리적으로) 정당해야 하고, (미학적으로) 진실해야 한다. 그런데 이 전제들은, 비록 합리적 의사소통을 위한 하나의 '이상적인 규제적 아이디어'이기는 하지만, 그 조건이 실제 현실에서 자리 잡을 가능성이 (거의) 없는 까닭에, 말 그대로 탁상공론에 그칠 가능성이 농후하다. 우리는 그것을 우리 자신의 구체적인 삶의 경험을 통해 어렵지 않게 떠올려볼 수 있다. 우리는 우리와 생각이 전혀 다른 사람과 (진정한) 대화를 나누어본 적이 과연 얼마나 있는가? 태극기집회를 지지하는 사람(예컨대, 부모)이 촛불집회를 지지하는 사람(예컨대, 자식)과 합리적으로 소통하는 것을 본 적은 있는가? 소속 정당이 다른 사람들이 허심탄회하게 토론하는 모습을 한 번이라도 지켜본 적이 있는가?

　다른 편견을 가진 사람들끼리 대화(토론)하는 것이 (거의) 불가능한 것은, 일차적으로 '확증편향' 때문이다. 확증편향을 논리학에서는 '불완전한 증거의 오류(the fallacy of incomplete evidence)' 또는 '체리 피킹(cherry picking)'이라고 하는데, 우리는 수많은 말들 중에서 우리 자신이 믿는 생각 혹은 주장을 뒷받침할 증거나 자료('체리')만 선택적으로 취한다. 우리가 믿거나 주장하고 싶은 것만 귀 기울이고 받아들이지, 그것에 대치되는 주장은 한사코 밀어낸다는 것이다. 우리를 지지해주는 말만 찾고, 찾아서 확신하고, 거기에 무비판적으로 동조하고, 그로써 우리가 지닌 편견을 강화한다는 것이다. 우리는, 우리 자신의 편견을 점검해 보거나, 그것이 지니고 있는 문제를 파악하려고 애쓰는 가운데 편견을 바꾸거나 버리기보다, 우리의 편견을 확인받고자 하고, 그로써 더 탄탄히 만들고자 한다. 우리가 우리와 전적으로 다른 대상과 대화하는 것이 (거의) 불가능한 것은 바로 그 때문이다. 우리가 애착하는 가치관이나 세계관에 따라 세상의 말들을 걸러내기 때문이다.

이것은 곧, 예술은 정치성을 띠면 띨수록 그만큼 더, 혹은 그보다 훨씬 더, 아름다워져야 한다는 것을 뜻한다. 자유롭고 열린 환경에서 말(대화)로써 설득하는 것이 그렇게 어렵다면, 혹은 (거의) 불가능하다면, 작품이라고 해서 특별히 더 쉬울 일은 결코 없다. (정치적) 예술은 도리어, 그것이 담아내는 내용 곧 정치적 메시지보다 그것을 전달하는 형식에 기대지 않고서는, 그것을 접하는 사람의 정치적 견해나 태도를 바꾸는 일은 고사하고, 주목의 대상으로 머물기조차 어렵다. 그러니 설득(작품 효과)이나 계몽이 아니라 사회적 분란을 부추길 뿐이다.

예술은 정치적일 수도 정치적이지 않을 수도 있다. 문제는 오직 정치성에 매몰될 때 예술은 그만큼 예술적으로도 정치적으로도 무력하다는 것이다. 따라서 아름다움은 당대 경향을 주도하는 정치적 예술에 더 더욱 절박한 것이 아닐 수 없다. 미국의 화가 워커(Kara Walker)의 〈My Complement, My Enemy, My Oppressor, My Love, 2007〉와 독일 예술가 지거(Brigitte Zieger)의 〈Flower of Power 8, 2010〉는 그것을 명백히 보여준다. 그들의 작품이 정치적 예술로 작동하는 것은 '정확히 그리고 단순히' 작품들이 아름답기 때문이다.

아름다움, 새로운 정식화

새 포도주는 새 부대에 담아야 둘 다 보전되느니라. 예수의 말씀인데, 우리가 여기서 주목할 것은 새 부대가 아니라 새 포도주다. 당연한 말이지만, 우리가 살고 있는 세상은 20세기 세상과 다르다. 지금 널리 유통되는 아름다움에 대한 생각이 발원한 지점인 18세기 세상과는 더더욱 그렇다. 따라서 21세기라는 부대에 옛 아름다움을 그대로 담아 쓰면, 여러 복잡한 사연 끝에 재기한 아름다움을 제대로 살리지 못할 것이다.

다른 세상은 다른 사상을, 다른 윤리를, 다른 미학을 요청한다. 그렇다고 해서 어떤 가치나 의미의 정식(定式)이 세상에 꼭 부합해야 한다는 것은 아니다. 중요한 것은 맞춤이 아니라 관계이기 때문이다. 모든 것은 관계성으로 가치를 갖는다. 아름다움도 마찬가지다. 아름다움이 우리에게 하나의 가치가 되기 위해서는, 우리가 사는 세상과 어떤 방식으로든 관계를 형성해야 한다. 그것도 세상이 요구하는 가치가 아니라 우리가 더 잘 살기 위해 필요한 가치이어야 한다. 아름다움은 더 나은 세상을 위해 필요한 가치가 되기 위해, 필요하다면 세상과 맞설 수도 있어야 한다. 어떤 가치는 반(反)시대적이거나 비(非)시대적임으로써 비로소 시대적일 수 있는데, 마지막 장(章)인 '아름다움, 영혼의 쇠락'에서 밝히겠지만, 필자는 아름다움 또한 그렇다고 생각한다.

예컨대, 이스라엘 심리학자 노이만(Erich Neumann)은 윤리 영역에서 그리하려고 애썼다. 노이만은 홀로코스트라는 야만의 역사를 해명하고 넘어서기 위해 『심층 심리학과 새로운 윤리』[1]이라는 책을 펴냈다. 그는 거기서, 악을 억압하는 유태-기독교 도덕이 아우슈비츠와 같은 끔찍한 문제를 야기한 것으로 파악한다. 노이만에 따르면, 선과 악을 분명하게 구분해 순수하고 완전한 선을 요구해온 '옛 윤리'는, 악을 다른 개인이나 집단에게 투사해 '적'을 생산하는 치명적 위험을 초래한다. 우리 자신의 어두운 내면에 어른거리는 악의 '그림자'를 누구도 온전히 몰아낼 수 없는데도, '옛 윤리'는 그 그림자를 억압만 하기 때문이다. 악을 억압하는 절대선의 명령은 역설적으로 '악'을 생산한다. 언제나 그리고 온전히 선하고자 하는 절대적 선의 실행 의지는 우리를 종국적으로 파국에 이르게 한다.

그러므로 아우슈비츠 이후의 세상에 사는 우리에게 필요한 것은 윤리의 갱신이다. 혹은 새로운 윤리다. 우리 내면의 악을 외부에 투사할 뿐 아니라, 그렇게 투사한 대상을 파괴하고자 하는 '희생양' 심리와 연

---

1   Neumann, E., *Depth Psychology and a New Ethic*, trans. by E. Rolfe, Shambhala, 1990.

계된 '옛 윤리'를 벗어나, 우리 내면의 악을 제거하고 억압할 것이 아니라 수용해 그것과 더불어 사는 윤리가 필요하다. 우리 자신의 어두운 '그림자'를 인정하고 그것을 우리 자아의 총체성으로 통합시켜, '완전성'이 아니라 '온전함'을 추구하는 '새로운 윤리'가 필요하다. 우리는 오직 그로써 우리 내면의 그림자가 파국적으로 분출하는 것을 피할 수 있다.

아름다움은 어떤가? 미학도 윤리의 영역처럼 우리가 살고 있는 시대의 요청에 부응할 수 있도록 새롭게 구성할 수 없을까? 구체적으로, 우리의 인간성을 지키거나 고양시킬 수 있을 '새로운 아름다움'을 정식화(定式化)할 수 없을까? 부분적이든 전체적이든, 오늘날 아름다움을 거론하는 사람은 모두 옛 아름다움을 다르게 제시한다. 온고이지신(溫故而知新)인데, 묵은 포도주를 그대로 새 부대에 담아 마실 수는 없기 때문이다. 핵심은, 옛것을 얼마나 새로운 것으로, 그뿐 아니라 얼마나 지금 여기 유효한 가치로 만드느냐에 달렸다.

아름다움을 누구보다 열정적이고 왕성하게 주창하고 전파하는 스크러튼(Roger Scruton)은, 오늘날 인문학의 위기는 다음과 같은 사태로 인해 발생했다고 주장한다. 예술, 음악, 문학, 그리고 건축이 전통적인 미학적 판단의 훈련과 학업으로부터 자유롭게 해방된 까닭에 인문학이 위기를 맞았다는 것이다.[2] 그러한 분과가 전통과 역사에 단단하게 정박되어 있지 않은 까닭에 위기가 초래되었다는 것이다. 예컨대 현대

---

2   Scruton, R., *Beauty: A Very Short Introduction*(Kindle version), Oxford University Press, 2009.

예술은 전통적 가치인 아름다움에 따라 진행되어 오다가, 어느 시점
소비 사회에 끌려가면서 '충격과 위반'으로 탈선했다. 스크러튼이 보
기에, 현대예술이 아름다움으로부터 벗어난 것은 결코 예사롭지 않은
문제다. 그가 확신하기로, 아름다움은 합리적 본성에 근거한 실제적이
고 보편적인 가치로서, 인간 세계를 형성하는 데 필수적 역할을 차지
하기 때문이다.[3]

스크러튼의 아름다움은 칸트의 아름다움과 그리 다르지 않다. 그가
200년 이상 묵은 칸트의 아름다움에 새롭게 첨가하는 것은, 초월성이
힘겹거나 불가능한 현대성의 형국 탓으로 성스러움밖에 없다. 그런데
성스러움 또한 아름다움처럼 이미 초월성을 (거의 다) 잃었다는 점에
서, 그의 아름다움은 칸트의 아름다움과 시대적 처지가 별반 다르지
않다. 스크러튼은 칸트 미학의 연장선에서, 아름다움이 감각이 아니라
이성에 속한 것으로 본다. 그는 아름다움을 이렇게 해명한다. 아름다
움은, 제시된 것을 하나의 개별적 대상으로 관조하는 데서 오는 즐거
움이다. 다르게 말해 아름다움이란, 욕망으로부터 해방된 관심으로써
대상에 머무는 즐거움이다.

아름다움이란, 먹는 것과 마시는 것처럼 대상이 주는 직접적인 감각
의 만족이 아니라, 대상 그 자체에 대한 '인식'의 즐거움이라는 것이
다. 그런 점에서, 환상으로 대리 욕망을 자극하는 포르노그래피와 달
리, 에로틱 예술은 관음 욕구를 '금지'시켜 우리로 하여금 누드의 주체
성을 상상하도록 한다. 포르노그래피가 대상의 몸에 관심을 갖게 한다

---

3   Scruton, R., 앞 책.

면, 그래서 대상을 객체로 바꾼다면, 에로틱 예술은 대상과 '거리를 두게 함'으로써 몸이 드러내는 '주체'에 관심을 갖게 한다. 칸트의 아름다움의 정식에 따르면, 포르노그래피가 즐거움을 주체의 통제하에 둘 뿐 아니라 마음대로 만들어낼 수 있게 함으로써 중독으로 이어진다면, 에로틱 예술은 인식의 차원에 속하는 까닭에 그리될 가능성이 (거의) 없다.

스크러튼은 오늘날 사유와 판단을 우회한 채 '효과'에 몰두하는, 예술을 포함한 전 영역에 만연한 시각 문화와 전쟁을 벌인다. 효과의 중독은 예술뿐 아니라 행복에도 적(敵)이기 때문이다.[4] 스크러튼은 성스러움으로 이어지는 아름다움을, 온통 키치와 디즈니처럼 변해버린 세상을 구원할 가능성으로 제시한다. 사랑과 희생은 성스러움의 한 형태다.

> 아름다움이 우리 세상에서 사라지고 있는 것은, 우리가 그것이 중요하지 않은 듯 살고 있기 때문이다. 그리고 우리가 그런 식으로 사는 것은, 우리가 희생의 습관을 잃어버렸고 늘 희생을 피하려고 애쓰기 때문이다. 키치와 성스러움의 훼손이라는 진흙탕에 빠진 우리 시대의 거짓 예술이 그것의 한 징표다. (…) 우리 문명의 예술, 문학, 그리고 음악은 그것을 상기시킬 뿐 아니라, 그 앞에 항상 놓여 있는 길 또한 가리킨다. 신성 모독으로부터 벗어나 성스러움과 희생을 향하는 길을 가리킨다. 한 마디로, 그것이 바로 아름다움이 우리에게 가르치는 것이다.[5]

---

4   앞 책, 187.
5   앞 책, 193-94.

벨슈는 그와 달리 아름다움에 다시금 관심을 갖는 작금의 이유가 대부분 피상적이며 예술과 무관하다고 비판한다. 그에 따르면, 아름다움에 대한 새로운 관심은 한 마디로, 일상세계의 '미학화(aestheticization)'에 기인한다. 다르게 말해, 예술가들이 "예술은 초(超)미학화를 따라잡거나 손쉬운 미디어 입맛과 경쟁해야" 한다거나, "최소한 우리 삶의 그러한 다른 아름다운 현실들만큼 매력적이어야" 한다고 생각해서 그렇다는 것이다. 벨슈는 그러한 생각이 잘못이라고 주장한다. 그가 믿기로, 이미 자리 잡은 '미학화'를 뒤쫓거나 그것을 모사하는 것은, 예술의 과업이 아니다. 예술은 타자성의 영역에 속하기 때문이다. 그러므로 오늘날의 상황에서 예술에 요청되는 것은 '무감각(anaesthetic)'이다. 그는 다음과 같이 쓰고 있다.

> 그러나 예술의 과업은 어떤 방식으로든 이미 존재하고 있는 것을 찬양하는 것이 되어서는 안 된다. 바로 거기에 예술이 생존할 기회가 있기 때문이다. 아마도 일상성의 미학화를 소외되고 거리 둔 형태로 포섭해 비판적 반성을 유발하는 것은, 예술로서는 하나의 대안이 될 수 있겠지만, 많은 사람들이 그것을 추구하고 있다. 그런데 나는 근본적으로, 예술은 타자성의 영역이어야 한다고 생각한다. 미학화된 사회의 지나치게 자극적인 감수성에 직면한 우리가 필요로 하는 것은, 도리어 무감각(anaesthetic)이다.[6]

예술이 타자성의 영역이 되어야 마땅하다는 주장은 어렵지 않게 동의할 수 있다. 그런데 타자성이 되기 위해 반드시 미학의 안티테제의

---

6 Welsch, W., 앞 글, 6.

자리를 차지해야 한다는 주장은, 선뜻 동의하기 어렵다. 그럴 뿐 아니라, 현대예술이 아방가르드의 정신으로 걸어온 역사를 돌이켜보면 적잖이 우려스럽기도 하다. 안티테제로서의 현대예술에 대해서는 이미 앞에서 비판적으로 언급했으니, 이 점만 강조하자. 기존의 것에 부정의 형식으로 관계하는 것은 기존의 그림자(반작용)로서, 기존의 것에 여전히 구속되는 것이다. 진정한 의미의 반항 혹은 타자성은, 그 자체의 고유한 것으로 돌아가 바로 거기에 머무는 것이다.

무감각한 예술에 대해 당장 물을 수 있는 것은 이것이다. 감각적인 것이 없는 것이 예술이 될 수 있는가. 개념 예술, 예컨대 워홀(Andy Warhol)의 〈브릴로 상자(Brillo Box, 1964)〉는, 무감각한 예술이 성립할 수 있다는 사실을 웅변한다. 〈브릴로 상자〉는 감각적인 것으로 제시되고 있지만, 그것의 예술적(미학적) 의미는 감각과 무관하다. 단토가 해명하듯, 그것은 '생각'에 존재하고, 그러한 예술은 철학이 되는 특이한 상황이 발생한다.[7] 개념 예술의 난점 혹은 한계는, 거의 모든 아방가르드 예술이 그렇듯, 개념이 예술로 출현하는 사태는 일회성이라는 것이다. 인식의 내용이나 형식은 그것이 반복되는 순간 예술의 (시적, 예술적, 낯설게 하기의) 힘을 더 이상 유지할 수 없기 때문이다.

아름다움도 그렇지만, 예술은 고정관념이나 클리셰가 일차적 적(敵)이다. 이것이 뜻하는 것은, 아름다움이나 예술은 어떠한 법칙에도 머물 수 없다는 것, 그뿐 아니라 가급적 무한히 새로운 감각이나 인식을 잉태하고 생산할 수 있어야 한다는 것이다. 이 점에서, 아름다움의 가

---

7 Danto, A., *After the End of Art*, Princeton University Press, 1998.

치를 주창하는 스카리가 아름다움을 여전히 대칭이나 균형과 연관시키는 것은 이해하기 어렵다. 18세기에 미학이 출현한 이후, 아름다움은 더 이상 객관적으로 존재하는 대상의 속성으로 볼 여지가 사라졌기 때문이다. 동일한 사태를 사람들은 다르게 판단할 수 있다. 예컨대, 폭포를 보고 있는 두 사람 중 한 사람은 '숭고'를 느끼고, 다른 한 사람은 '예쁘다'고 생각하는 경우가 그렇다.[8]

   그런데 그렇다고 해서, '아름다움은 보는 사람의 눈에 있다.'는 말처럼, 아름다움을 전적으로 한 개인의 주관적 경험으로 돌릴 수 없다. 칸트는, 아름다움을 경험하는 주체는 그것의 보편성(다른 사람들도 이것이 아름답다고 여길 것이라는 당위성)을 상정하고 있다고 주장하고, 스크러튼은 "옳은 행위만큼이나 옳은 감정, 옳은 경험, 그리고 옳은 향유가 있다."[9]고 주장한다. 프랑스 철학자 낭시(Jean-Luc Nancy) 또한, 정확한 아름다움을 제시할 수는 없지만 아름다움은 주관적인 것이 아니라고,[10] 한 발 더 나가 "아름다운 것은 보편적이라고"[11] 진술한다. 따라서 우리는 소박하게 이렇게 말할 수 있겠다. 문화란 공동체가 만들어내는 것이어서, 아름다움을 순전히 개인의 판단에 속할 수 없게 한다. 아름다움을 포함해 어떤 가치에 대한 개인의 판단은 공동체 안에서 비판적 비교에 놓일 수밖에 없고, 그로써 모종의 집단의 공통 감각(common sense)을 형성한다.

---

8   Turley, S. R., *Awakening Wonder: A Classical Guide to Truth, Goodness & Beauty*, Classical Academic Press, 2015, 1.

9   Scruton, R., *Beauty: A Very Short Introduction*, 197.

10   장-뤽 낭시(Jean-Luc Nancy), 『신, 정의, 사랑, 아름다움』, 이영선 옮김, 갈무리, 2012, 179.

11   앞 책, 188.

아름다움의 중요성을 가장 논쟁적으로 주창해 온 유명한 미술 비평가 히키(Dave Hickey)는, 대개의 현대 미학자들과 달리, '아름다움은 보는 사람의 눈에 있다'는 주관주의에 기댄다. 그가 믿기로 예술은, 그리고 아름다움은, 가르칠 수 있는 것이 아니다. 그것은 돈이 그렇듯, 내재적 가치가 있는 것이 아니라 우리가 '저절로 느끼는' 기쁨이다. "우리는 우연히 기쁨을 발견하는 사물들과 만날 때 아름다움을 경험한다."[12] 히키가 보기에, 아름다움이란 그렇게 전문가의 확인이나 인정과 상관없이, 알 수 없는 곳에서 나타나는 즐거운 놀라움이다.

따라서 그는 아름다움을 예술가나 미학자나 교수와 같은 엘리트가 아니라, 모든 개인에게 귀속시킨다. 히키는 거기서 멈추지 않고 정치적으로 나아간다. 우리는 우리 각자 발견한 기쁨의 판단을 '시민 포럼'과 흡사한 공간에서 주고받는다. 혹은 사고판다. 아름다움은, 그렇게 평범한 개인들이 일상의 삶에서 느끼는 즐거움에 대한 판단을, 투명하고 자유로운 경합을 통해 만들어내는 일종의 민주적 공감대다. 따라서 히키는 (수익을 위한 투자 욕망이 아니라 자유로운 욕망이 주도하는) 예술 시장의 가치를 열렬히 변호한다. 그가 확신하기로, 아름다움이란 마치 구름이 모종의 역학에 의해 형성되듯, 자유로운 개인들의 욕망이 덩어리로 뭉쳐져 나타나는 것이기 때문이다. 따라서 보편적인 아름다움의 표준을 찾고자 하는 것은 모두 헛된 일이다. 예술계가 그것을 법칙으로 만들어내어 우리들에게 무엇이 '좋은' 예술로 생각해야 하는지 가르치는 것은, 조작이요 사기다.[13]

---

12   Fendrich, L., "Dave Hickey's Politics of Beauty", *The Chronicle Review*, 2 January 2013, 1-7.

13   Hickey, D., *The Invisible Dragon: Essays on Beauty*, The University of Chica-

아름다움의 새로운 정식화 작업에 히키가 공헌하는 부분은, 기성 권력에 붙잡혀 있는 아름다움의 해체 작업이다. 새로운 생명은 알을 깨고서야 나올 수 있기 때문이다. 히키는 아름다움을 대중 민주주의 관점에서 다룸으로써, 칸트 미학에 기초한 엘리트 취미를 해체하고자 한다. 추론컨대, 그로써 우리가 얻을 수 있는 것이 새로운 미학의 (재)구성이라고 한다면, 잃을 것은 스크러튼이 주창하는 장구한 문화적 전통과 예술의 역사에 내장된 미학적 가치들, 그리고 예술과 미학의 폭과 깊이다. 그런데 포퓰리즘이 세계 곳곳에서 대세를 형성하고 있는 오늘날, 대중 민주주의는 얼마나 믿을 만한가? 그리고 후기 자본주의 사회에서 개인은 얼마나 자유로운가?

우선 아름다움을 히키의 생각에 따라 자유 시장에 내맡기면 과연 어떤 사태가 초래될까? 아름다움뿐 아니라 건강, 심지어 생명을 다루는 의료 사회는, 그리고 그리 중대한 사안들을 상품으로 구성하고 거래하는 의료 시장은 얼마나 건강한가? 의사가 치료는 뒷전이고 환자를 그야말로 돈벌이 수단으로 취급해, 의도적으로 과도하게 진료하고 전혀 불필요한 수술을 강권하는 현실에서 우리는 그리 긍정적인 대답을 내어놓기 힘들다. 학문을 책임져야 마땅한 대학의 기업식 경영도 두말할 나위 없다. 영혼을 책임지는 종교단체는 어떤가? 우리 사회의 종교 지도자들은 자신이 몸담고 있는 공간을 전유(專有)하기 위해 마치 기업 주주들처럼 이권 다툼에 몰두하고, (초)대형 교회 담임목회자는 세습과 자격 미달이라는 중대한 문제로 극심한 분란을 야기하는 모습을 종종 보인다. 종단 최고지도자 총무원장이 심지어 종단 내홍의 핵심 원

go Press, 2009. 5.

인이 되어 탄핵까지 당하는 세상이다. 상황이 이러한데, 사회적 권력이나 자리가 없는 개인들이 과연 자유롭게 숨 쉰다고 말할 수 있는가?

시장 자본주의 사회의 개인은 얼마나 자유로운가? '나는 소비한다. 고로 존재한다.'는 정언명령이 온전히 실현된 상품마케팅 사회의 개인은, 얼마나 자유롭고 자신의 욕망에 얼마나 충실히 소비하는 주체인가? 히키가 상정하는 '자유로운 욕망이 주도하는' 시장이라는 생각은 얼마나 현실적인가? 그보다 우선 엄청난 양의 광고(이미지)가 심지어 집 안까지 침투해 수시로 융단 폭격하는 스펙터클의 사회에서, 끊임없는 경쟁 구도에 갇혀 몸값을 유지하거나 올려야 하는 시장 사회에서, '자유로운 욕망'이라는 개념은 얼마나 현실적인가?

대중 민주주의 사회는 21세기에 접어들어 크게 약화되고 불안정한 형국에 접어들었다. 그와 더불어 다문화주의 혹은 문화적, 정치적 다원주의가 곤경에 처해 있다. 구체적으로 2018 금융사태 이후, 저성장과 불평등의 심화, 그리고 잠복된 경제 위기가 일상화된, 그리하여 지속가능한 삶이 일차적 걱정거리로 자리 잡은 소위 '뉴 노멀(New Normal)'[14] 시대가 펼쳐지면서, 포퓰리즘이 전 세계에 들불처럼 퍼져나가며 민주주의를 위태롭게 만든다. 포퓰리즘 세상에서 가장 큰 이득은 전체주의 성향과 저속한 언행을 여과 없이 드러내는 푸틴(러시아 대통령), 시진

---

14   2008년 글로벌 금융위기 이후 새롭게 나타난 세계 경제의 질서를 통칭하는 말로서, IT 버블이 붕괴된 2003년 이후 미국의 벤처투자가인 맥나미(Roger McNamee)가 처음 사용했다. '뉴 노멀' 시대는 세계 경제가 저성장 국면에 진입하면서 가계들은 부채를 줄이고 기업들은 소비와 투자를 축소해 저성장, 저소득, 저수익 등 3저 현상이 새로운 표준을 형성한다. 그에 따라, 금융 시장은 탐욕보다는 절제, 고속 성장보다는 지속가능한 성장을 주 관심사로 삼는다.

핑(중국 수석), 아베(일본 수상), 두테르테(필리핀 대통령), 트럼프(미국 대통령) 등 국가주의 마초(macho)에게,[15] 그리고 가장 큰 손실은 경제와 문화와 인종의 측면에서 주변을 차지하는 사회적 약자에게 돌아간다.[16]

밥그릇에 대한 염려가 커질수록 동물성이 더 강하게 발현되는 것은 자연스러운 생명의 이치다. 그런데 그러한 일이 건강한 공동체마저 위태롭게 만들 조짐이 보이는 것은, 여간 중대한 일이 아니다. 개인의 실존적 토대인 사회가 구조적으로 병적 상태에 놓여있다는 징후이기 때문이다. 각자도생에 내몰려 파편화된 개인들은, 오직 개인이나 개별 집단의 관심과 이익에 따라 불시에 '형태 없는 정치집단(네트워크화된 개인주의)'으로 출몰해[17] 기성 사회(와 민주적 절차와 제도)를 위협한다. 정당한 노동 대가뿐 아니라 존엄을 요구하는 '정체성 정치의 시대'[18]의 익명의 개인들은, 인민이라는 가공(架空)의 주체의 자리에서 국가의 주권자로 자처하며 손쉽게 다수의 전제(專制)로 돌변한다.

2017년 1월 세상을 떠난 탁월한 사회학자 바우만(Zygmunt Bau-man)은 모든 견고한 것이 그렇게 파편화되어 액체로 변해버린 현대세계를, 첫째, '만인 대 만인의 투쟁', 둘째, 민족, 인종, 종교, 성/젠더 등

---

15   Fukuyama, F., *Identity: The Demand for Dignity and the Politics of Resent-ment*, Farrar, Straus and Giroux, 2018.

16   Mudde, C. and Kaltwasser, R., *Populism: A Very Short Introduction*, Oxford University Press, 2017.

17   프랑스의 마크롱 정부는 얼마 전 발생한 '노란 조끼' 운동으로 위기를 느껴 대화를 모색했지만, 파트너를 찾을 수 없었다. 우리 사회에는 '워마드'가 그러하다.

18   Fukuyama, 앞 책.

각종 정체성을 기반으로 삼는 부족주의, 셋째, 계급과 운명에 붙잡힌 불평등, 넷째, 경쟁이 부재한 원초적 공간인 자궁 등으로 되돌아가는 '레트로토피아(Retrotopia)'의 에토스로 해명한다. 개인들은 그러한 에토스 안에서 '우리 대 그들'이라는 구분에 쉽게 빠져 안전을 위해 자유를 내어놓으며 비민주적 사회를 조장한다.[19] 합리적 대화를 통해 문명들 간의 충돌, 문화(정체성)들 간의 투쟁, 글로벌리즘과 국가주의 간의 갈등을 해결해나가며 함께 살 수 있는 방도를 모색할 수 있는 열린 공간이, 합리적 소통을 담보해주는 민주적 사회가 어느 때보다 필요하다. 자신과 다른 생각과 의견을 지닌 타자를 대화의 파트너로 응대하는 마음 없이는, 단 한 발짝도 앞으로 나아가게 할 수 없는 일이다. 다른 것 혹은 차이를 아름답게 볼 수 있는 마음의 조형(교양 교육)이 절실하다.

우리 시대에 온당한 아름다움은 이러한 정치적, 사회적, 문화적 구도에 응전할 수 있어야 한다. 개인 혹은 정체성 단위로 분열시키고 대립시키기보다, 다양한 형태로 파편화된 진영(陣營) 덩어리들을 인류 공동체로 결사(結社)하는 데 이바지해야 한다. 충격, 위반, 저항, 파괴 등의 조장이 아니라 연대감을 형성하는 것이어야 한다. 그리함으로써 대화의 공간을 열 수 있어야 한다. 이 맥락에서, 히키의 미학 프로젝트, 그러니까 아름다움을 칸트 미학에 기초한 엘리트 취미로부터 해방시키고자, 그리고 그리함으로써 문화 권력을 해체하고자 하는 것은 전적으로 타당하다. 그런데 그렇게 해방시킨 아름다움을 소비 사회의 대중에게 온전히 방기하는 것은 실천적 지식인으로서 무책임한 일이다.

---

19   Zygmunt, B., *Retrotopia*, Polity Press, 2017.

오늘날의 자유 시장사회에서 자유는, 이름 없는 개인이 아니라 경제
적, 사회적, 정치적 권력을 쥔 자들의 몫으로 돌아갈 공산이 매우 크기
때문이다. 결론적으로 이렇게 주장할 수 있겠다. 우리 당대의 아름다
움은 모든 형태의 사회적 계급과 정치적 진영을 아우르는 보편성을,
그리고 그와 동시에 어떤 현실의 권력도 소유하거나 장악할 수 없는
비물질적 특이성을 지녀야 마땅하다.

아름다움, 하나의 아포리아

아름다움은 하나의 아포리아다. 아름다움을 둘러싼 의견들은 종종 대립한다. 히키(Dave Hickey)는 아름다움을 개인의 주관적 경험으로 이해한다. 낭시(Jean-Luc Nancy)는 히키와 달리 아름다움을 보편적 경험으로 파악한다. 히키는 아름다움의 경험이 자연발생적인 것이어서 교육이 불필요할 뿐 아니라 오히려 방해되는 것으로 본다. 그와 반대로 낭시는 아름다움을 교육을 통해 도달할 수 있는 것으로 본다. 낭시가 보기에 아름다움의 문제는 교육이 책임져야 할 일로서, 배우지 않으면 도달할 수 없는 차원에 속한다.[1]

지금까지 아름다움이 무엇인지 해명하는 과업을 자임한 사람들은, 누구랄 것 없이 아름다움 그 자체를 비껴간다. 아주 오래 전 가장 현명한 철학자 소크라테스가 그랬듯, 작금의 낭시도 그리한다. 아름다움이

---

1   장-뤽 낭시, 『신, 정의, 사랑, 아름다움』, 217-18.

라는 주제를 떠맡은 낭시는, "아름다움을 언급해야 하고, 에둘러 말하지 않아야 한다고 생각"한다. 그리고서 첫 말을 이렇게 뗀다. "중요한 것은 아름다움 그 자체이지, 아름다운 것이나 아름다움에 대한 어떤 것이 아니기 때문이지요."[2] "어떤 사람이나 어떤 사물이 아름답다고 하기 위해서는, 먼저 아름다움 그 자체에 대한 개념, 즉 절대적인 아름다움에 대한 개념이 전제되어야"[3]하기 때문이다. 그럼에도 불구하고 낭시는 아름다움을 에둘러 말한다. "아름다움이 존재한다면, 그것은 이러저러한 방식으로 감각되고 지각되어야"[4]한다는 전제로, 아름다운 대상들을 열거하고 거기서 아름다움을 추론해나간다. 아름다움은 개념이어서 감각되고 지각될 수 없다는 점을, 개념과 감각 사이에는 넘나들 수 없는 심연이 놓여있다는 점을 낭시는 놓친다.

소크라테스는 당대의 전형적 소피스트인 히피아스(Hippias)와 대화를 나누며 아름다움의 '정의'를 천착한다. 아름다운 것의 사례가 아니라 아름다움[5] 자체를 집요하게 따지지만, 둘 모두 정의내리는 데 실패한다. 아름다움이 무엇을 뜻하는지 두 사람이 뻔히 알고 있으면서 그저 그 주변을 맴돌 뿐인데, 이들의 실패는 낭시와 흡사하다. 파토스(정감)를 포함하는 아름다움의 개념을 로고스(언어)로 포착하는 것은 근

---

2   앞 책, 173.
3   앞 책, 174.
4   앞 책, 178.
5   아름다움의 문제에서 그리스인들이 우리와 다른 것은 두 가지다. 아름다움의 경험을 해명하는 지점과 용어다. 아름다움의 일차적 경험을 우리는 예술(작품)에서, 그들은 인간 신체에서 찾는다. 그리고 우리의 '아름다움'에 해당하는 그리스 용어 '토 칼론(to kalon)'은 '아름다움' 말고도 '고상함'을 포함하는 것으로서 우리와 일치하지 않는다. 이 부분은 나중에 본문에서 다시 거론할 것이다.

본적으로 불가능하다는 점을, 소크라테스 또한 간과했기 때문이다. 둘의 대화는, "아름다운 것들은 어렵다."[6]라는 격언의 의미를 알 것 같다는 소크라테스의 말로 끝난다. 아름다움은 아포리아다.

철학에서 '언어적 전회(轉回)'를 몰고 온 20세기 천재 철학자 비트겐슈타인(Ludwig Wittgenstein)에 따르면, 어떠한 용어의 정의는 그 용어를 우리가 어떻게 쓰는지와 다르지 않다. 말을 쓰는 방식이 곧 말의 뜻이라는 것이다. 그리고 말을 쓰는 방식은 '생활세계' 혹은 삶의 형식에 의해 결정된다. 한마디로, 특정한 용어의 정의는 특정한 삶의 형식에 따른 특정한 맥락의 쓰임새라고 할 수 있다. 그러므로 용어의 정의를 파악하기 위해 용어를 붙들고 씨름하는 것은 헛된 일이다. '엄밀한 정의'라는 명제가 성립 불가능한 것은 언어가 지닌 근본적 한계 때문이기도 하지만, 그것을 구속하는 삶의 세계가 늘 변하기 때문이다. 아름다움은, 아름다움을 인식하고 판단하는 행위는 시대와 장소를 우회하거나 넘어설 수 없다.

아름다움의 개념을 규명하기 위해 낭시는 아름다운 대상들에 주목한다. 그로서는 그리하는 것이 유일한 혹은 가장 효과적인 방식인 듯 보이기 때문이다. 그런데 문제는, 아름다움이라는 용어는 그것이 쓰이는 맥락에 따라 다를 뿐 아니라, 용례가 다양하고 한정하기 불가능할 정도로 많다는 것이다. 우리는 '아름답다'라는 말을 감각적 대상을 넘어 관념과 행위까지 확장한다. 네가 그렇게 생각하는 것이 아름답다고

6　Hyland, D. A., *Plato and the Question of Beauty*, Indiana University Press, 2008, 26.

도 하며, 우리 편 축구선수가 골 넣는 순간이 아름답다고도 한다. 네가 그렇게 살아가는 것이 아름답다고 하며, 너의 마음이, 너의 영혼이 아름답다고도 한다. 수학자는 어떤 공식이 아름답다고 하며, 물리학자는 어떤 법칙이 아름답다고 한다. 심지어, 플라톤(의 '사랑의 계단')에 따르면 법과 제도도 상승하는 사랑이 거치는 아름다움의 한 단계다. 아름다움이 다만 예술뿐 아니라 우리의 삶 전반에서 발견하고 추구해야 할 것이라면, 그것을 감각의 차원에서 접근하는 것은 여러모로 제한적이다. 아름다움은 난제요, 난공불락의 성채(城砦)다.

아름다움을 언어적으로 정의할 수 없다면, 그리고 아름다움의 사례들을 모조리 열거할 수 없다면, 설령 그것이 가능하다손 치더라도 비트겐슈타인의 '가족 유사성' 개념이 가리키듯 그 사례들이 하나의 특성을 공유할 수 없다면, 아름다움의 정의를 찾는 방식은 귀납적이라기보다 연역적이어야 한다. 아름다움의 정의는 또한 수학적 정의와 달리, 사태를 발생하는 근원까지 가닿아야 할 뿐 아니라 생생하게 현실적이어야 한다. 아름다움이 나타나는 장소나 시간, 혹은 형식이나 상황이 항상 구체적으로 드러나야 한다는 것이다. 그리해야만 아름다움이 현실적일 뿐 아니라, 우리가 그 아름다움을 실제로 지어낼 수 있는 여지가 마련되기 때문이다.

그런데 칸트가 그렇듯, 아름다움을 탐구하는 이들은 거의 모두 귀납적 방식을 택한다. 아름다운 대상이 준다고 여기는 특정한 경험에서 출발한다. 이로써 아름다움의 개념은 돌이킬 수 없이 (대상이 아니라) 주체에 귀속된다. 우리는 어떤 경험을 아름다움의 사태로 인식하는지, 다르게 말해 어떠한 경험을 우리가 아름다움의 경험이라고 판단하는

지 해명하는 것이 탐구의 핵심인데, 그것은 대개 즐거움(쾌감)이다. 따라서 관건은, 단순한 즐거움이 아니라 아름다움이 야기하는 특정한 즐거움을 가려내는 것으로서, 그것은 인식(이성)과 맞물린다. 모든 판단은 인식(이성)의 영역에 속하기 때문이다. 칸트의 유명한 "규정적 판단" 대 "반성적 판단"이라는 개념은 바로 거기서 출현한다. 필자의 글의 일부를 옮긴다.

> 칸트는 아름다움과 숭고를 '반성적 판단'이 야기하는 쾌감으로 해명한다. 반성적 판단이란 무엇인가? 칸트에 따르면 일반적으로 판단은 "특수한 것을 보편적인 것 아래 속한 것으로 생각하는 능력"을 뜻한다. 그런데 반성적 판단은, 보편적인 것(규칙, 원리, 법)이 주어져 그 아래 특수한 것을 포섭하는 '규정적(determinative) 판단'과 달리, 오직 특수한 것만 주어진 상황에서 그것을 판단하기 위해 (찾을 수 있다고 상정하는) 보편적인 것을 찾고자 하는 능력이다. 또한 '반성적 판단'은 '감각적으로 즐거운 것(agreeable)'과 달리 감각에 의존하지도, '실천적으로 좋은 것(good)'과 달리 규정적 개념에 의존하지도 않는다. 미학적 판단은 "술어가 결코 인식(대상의 개념)일 수 없는 판단"이어서 감각에 휘둘리지도, 개념에 구속되지도 않는다. 미학적인 (반성적) 판단은 감각과 인식의 틀로부터 해방된 상태에서, 그렇게 만든 사태를 상상과 이해로써 파악하고자 하는 자유로운 놀이다. 상상한 것을 이해하도록 하고 이해한 것으로써 상상하게 하는 정신의 활동이다. 반성적 판단은 그렇게 상상력 속에 이성이 움직이고 이성 속에 상상력이 작동하는 자유로운 놀이인데, 아름다움은 바로 그로써 생기는 즐거움이다.[7]

---

7 이종건, 『깊은 이미지』, 궁리, 2017, 62-63.

그렇다면, 우리를 고통스럽게 하는 것은 아름다움과 무관한가? 욕망이나 욕구는 어떤가? 구체적으로, 아름다움은 성적 욕구(욕망)와 전적으로 무관한가?

하버드대 교수 가드너(Howard Gardner)는 21세기 교육을 위해 진리와 아름다움과 선을 구성하는 틀을 다시 짜면서, 고통의 경험을 아름다움에 통합시킨다.[8] 미국의 탁월한 분석철학자였던 자신의 선생 굿만(Nelson Goodman)이 징후들로써 질병을 식별했듯, 그는 다음과 같은 세 특징들로써 아름다움을 규명한다. 흥미로운 대상, 기억할 수 있는 형식, 차후 경험의 초대인데, 그에 따르면 이 세 특징이 따로 혹은 결합된 결과가 아름다움에 고유한 즐거움의 경험이다.[9] 어떤 대상이 아름답기 위해 갖추어야 한다고 가드너가 주장하는 세 특징을 간략히 부연하면 이렇다. 첫째, 익숙한 것으로부터 탈피해야 한다. 익숙한 것은 흥미롭지 않기 때문이다. 둘째, 단순히 흥미로운 것을 넘어, 바로 그 흥미로운 사태가 강력하거나 환기적인 형식으로 구현되어 있어야 한다. 그리해야 우리가 그 형식을 차후에 기억할 수 있기 때문이다. 셋째, 그 기억이 우리에게 즉각적으로 혹은 차후에 또다시 경험하고 싶은 욕구를 불러일으켜야 한다. 가드너가 판단하기에, 아름다움에 가장 중요한 요소는 세 번째 특징, 곧 재(再)경험의 욕구다. 또다시 경험하고 싶지 않은 대상은 아름다운 대상이 아니라는 뜻이다.

가드너의 제안이 신선한 것은, 아름다움이 즐거움에 전적으로 구속

---

8 Gardner, H., *Truth, Beauty, and Goodness Reframed: Educating for the Virtues in the Twenty-First Century*, Basic Books, 2011.

9 앞 책(Kindle version), 49.

되거나 한정되지 않는다는 것이다. 바로 그로써 그는, 아름다움을 오
직 즐거움(쾌감)의 견지에서 해명하는 전통 미학을 넘어선다. 가드너
가 정식화하는 아름다움의 핵심적 특징은 즐거움이 아니라 우리로 하
여금 또다시 경험하고 싶도록 만드는 흥미로움이다. 그리고 흥미를 유
발하는 데에는 즐거움보다는 추함 혹은 끔찍함, 심지어 역겨움의 경험
이 더 효과적인 경우가 결코 적지 않다.

예컨대, 1980년대 미술계의 스타, 키퍼(Anselm Kiefer)의 작품이 그
렇다. 그의 작품은, 반복해서 경험한 사람들에 따르면, 처음에는 역겨
웠던 것이 나중에 즐거운 경험으로 바뀐다. 미국의 가장 위대한 현대
고전음악 작곡가 카터(Elliott Carter)의 작품 또한 그러한데, 가드너는
일주일이 지나고서야 그의 음악을 즐길 수 있게 되었다고 고백한다.
프랑스 작곡가이자 지휘자 불레즈(Pierre Boulez)는, '20세기 음악 혁
신자'로 불리는 카터의 음악은 적어도 서너 번 들어야 이해할 수 있다
고 했다. 가드너는, 미국 설치작가 바니(Matthew Barney)의 작품
〈The Deportment of the Host, 2006〉도 처음에는 이해를 할 수 없고
역겨웠지만, 나중에 아름다운 것으로 변했다고 고백한다. 아름다움을
둘러싼 가드너의 논의에서 우리가 발견할 수 있는 또 다른 흥미로운
부분은, 우리는 정작 다시 찾고 다시 경험하고 싶은 욕구가 없어도, 우
리가 존중하는 사람(들)의 권면에 의해 그리하고 싶은 욕구가 생겨날
수 있다는 것이다.[10]

아름다움과 (성적) 욕망은, 전통 미학이 널리 공유하는 주장처럼 정

---

10   앞 책, 60.

말 무관한가? 뉴욕대 고전학 교수이자 브라운대 고전학 명예 교수인 콘스탄(David Konstan) 교수는 이렇게 쓰고 있다. 오늘날 섹스 욕망을 야기할 수 있는 종류의 아름다움과 무관심한(욕망 없는) 관조가 초대하는 아름다움 사이에는 "줄일 수 없는 긴장"이 존재한다. 아름다움은 욕망과 분리할 수 없다는 주장이 니체의 시각이라면, 그 둘은 마땅히 분리되어 있어야 한다는 주장은 칸트의 시각이다. 저명한 미국의 철학 교수 레빈슨(Jerrold Levinson)은 니체의 편에서 이렇게 주장한다. "인간 신체의 아름다움을 성적 매력에서 떼어낼 수 있다는 것을 나는 종종 부정한다."[11] 유명한 미술사가 곰브리치(Ernst Gombrich)에 따르면, '아름다운 대상은 반드시 섹슈얼하다'라는 개념은 적어도 르네상스만큼 오래 되었다. 스크러튼은 칸트 편이다. 그는 이렇게 쓰고 있다. "아름다움은 욕망을 초대할 뿐 아니라, 욕망을 단념하기를 요청하는 것이기도 하다."[12] 스크러튼은 여기서 욕망의 초대가 아니라 '욕망의 단념'에 방점을 찍는다. 그의 시각에 단념되지 않는 욕망은 아름다움의 영역에 진입할 여지가 전혀 없다.

프린스턴대 철학 교수 네하마스(Alexander Nehamas)에 따르면, 플라톤과 그 이후의 긴 전통에서 아름다움은 사랑의 대상, 곧 에로스의 채석장이었다. 아름다운 대상 앞에서 무슨 일이 벌어지는지 플라톤은 이렇게 썼다.

신과 같은 얼굴이나 '아름다움'을 제대로 보존한 신체적 형태를 보면,

---

11   Konstan, D., *Beauty: The Fortunes of an Ancient Greek Idea*, 27.
12   Scruton, R., *Beauty: A Very Short Introduction*, 54.

떨리고 두려움이 덮친다. (…) 그를 보고 나면 냉담함이 땀과 고열로 바뀐다. (…) 아름다운 소년보다 더 중요한 것은 그의 영혼에 없다. 엄마나 형제들이나 친구들은 아무것도 아니다. 기꺼이 다른 모든 것을 홀대하고, 혹시 그 자신이 그것을 잃는다고 한다면 그보다 더 큰 염려가 없을 것이다.[13]

플로티노스(Plotinus)는 이렇게 썼다. "아름다운 것은 모두 경외감과 기쁨, 열정적 동경, 사랑의 충격, 그리고 황홀의 전율을 생산한다."[14] 이렇게 아름다움과 성적 욕망은 줄곧 뗄 수 없이 묶여 있었는데, 둘이 분리된 것은 네하마스에 따르면 현대에 이르러서다. 계몽주의 철학자 칸트가 전형인데, 모든 가치의 자율성을 추구한 현대미학이 아름다움과 좋음(선)을 분리하면서 고상한 대상에는 욕망이 박탈되어 있다고 판단해 욕망을 배제했다는 것이다.[15] 그런데, 사실 아름다움의 탈세속화 작업은 중세에 이미 시작되었다. 필자의 글의 일부를 옮긴다.

아름다움이 열정과 욕망에서 벗어나 비개인적 사태로 바뀐 것은 중세의 교회(성직자들)가 초래한 일이다. 이탈리아의 기호학자, 철학자, 역사학자, 미학자 에코(Umberto Eco)에 따르면 중세에 미학적인 것의 발전과 종교적 영역 사이에 긴장이 생겼다. 예술이 급속히 전개되어 미학이 성직 영역을 넘어 발전하면서, 예술과 음악의 세속적 향유는 교회

---

13   Plato, *Phaedrus*, trans. by Alexander Nehamas and Paul Woodruff, Hackett, 1995, 251a–252a.

14   Plotinus, *The Enneads I*, trans. by Stephen Mackenna, Penguin, 1991, 6.4.

15   Konstan, D., 앞 책, 29.

에 큰 도전이 되었다. 그리하여 오직 성스러운 것이었던 예술과 미학이 일상적이고 세속적인 표현으로 변형되는데, 이 시기 성(聖) 아퀴나스(St. Thomas Aquinas)와 같은 성직자들은 출판물을 통해 아름다움을 '내적인' 가치로 개념화함으로써 물질성에서 벗어나게 하려고 애썼다. 아퀴나스는 세속적 욕망을 불러일으키고 산만하게 함으로써 내밀한 정신성으로부터 멀어지게 한다는 이유로 기악을 전례에 전적으로 금지했으며, 성 베르나르도(St. Bernard)는 과도한 교회 장식을 비난했다. 에코에 따르면 성과 속, 도덕적 가치와 미학적 가치의 통일은 중세의 감수성을 온전하게 통합하기 위해 요청된 과제였다. 성직자들은 도덕과 미학 간의 갈등을 현실의 미를 '내적인 무엇'으로 그려냄으로써 해결하고자 했는데, 소위 '내적인 아름다움(internal beauty)' 혹은 '내면의 아름다움', 그리고 그에 대립한 '피상적 아름다움'이라는 개념이 그에 따라 생겨났다.[16]

아름다움(의 개념)에 대한 철학자의 의견들이 욕망과 쾌감을 포함해 여러 차원에서 상호대치의 구도를 형성하는 것은, 현대에 이르러 아름다움이 주관의 영역으로 옮겨졌기 때문이다. 그로써 아름다움의 문제는 누가 그것을 더 잘, 혹은 더 온당하게 판단할 수 있는지, 곧 판단하는 주체와 맞물리는데 크게 감상자(비평가)와 창작가로 나뉜다.

우리 당대의 저명한 철학자이자 미학자인 아감벤(Giorgio Agamben)에 따르면, 17세기 중엽쯤 아름다움을 식별하고 감상하고 판단하는, 오늘날 비평가라 부르는 "취미 인간(man of taste)"이라는 인물이

---

16   이종건, 『깊은 이미지』, 53-54.

출현했다.[17] 창조할 수는 없지만 판단할 수 있는 '취미 인간'은 그 이후 서구 예술의 발전을 분명한 방식으로 주도해 나간다.[18] 흄(David Hume)은 '이상적인 비평가'를 이렇게 제시한다. "섬세한 감성과 통합된, 실천에 의해 향상된, 비교에 의해 완전하게 된, 모든 편견에서 벗어난 강한 감각만 오직 비평가를 그러한 가치 있는 인물의 자격을 부여할 수 있다. 그리고 어디서 발견하든, 그러한 접합된 평결은 취미와 아름다움의 진실한 표준이다."[19] 흄에 따르면, 아름다움을 훌륭하게 판단하기 위해 비평가는 정신을 냉정하게 집중해 "완전한 평정"의 상태에 머물러야 한다. 칸트 또한 욕망으로부터 '완전히' 벗어나기를 요구한다. 그에 맞서 니체는 비평가의 냉정한 태도를 이렇게 비판한다.

> 내가 강조하고자 하는 것은 다만, 모든 철학자처럼 칸트는 미학적 문제를 예술가(창조가)의 관점에서 상상하기보다 예술과 아름다움을 순전히 '관객'의 관점에서 고려하고, 무의식적으로 '아름다움'의 개념 속에 '관객'을 끌어들였다. (…) 그런데 그 반대가 항상 사실인 것 같다. (…) 칸트는 '관심 없는 쾌감을 주는 것'이야말로 '아름답다'고 말했다. 관심이 없다니! 진정한 '관객'이자 예술가인 스탕달이 한때 틀 지운 정의와 비교해 보라. 그는 한때 아름다움을 행복의 약속이라고 불렀다. 어찌 되었든, 그는 미학적 조건에 대해 칸트가 강조한 무관심성이라는 논점을 거부하고 부정했다. 칸트와 스탕달 중 누가 옳은가?[20]

---

17   Agamben, G., *The Man Without Content*, trans. by Georgia Albert, Stanford University Press, 1999, 13.

18   앞 책, 23.

19   Hume, D., "Of the Standard of Taste" In *Essays: Moral, Political and Literary*, ed. by Eugene Miller, Liberty, 1985, 241.

20   Nietzsche, F., *A Genealogy of Morals*(*Works of Friedrich Nietzsche*), Vol. X,

니체는 칸트를, '진짜 관객이자 예술가'인 스탕달에 빗대어 아마추어 감상자로 처분한다. 니체에 따르면, 칸트와 같은 아마추어 감상자는 진실로 고양된 아름다움, 곧 오직 디오니소스적 정신만 감식해낼 수 있는 '어려운' 아름다움을 포착할 수 없다. 게다가, '욕망에서 벗어난' 순수한 쾌감으로 보이는 것이 실제로는 에로틱하거나 성적(性的) 쾌감일 수 있는데, 칸트와 같은 청교도적 사상가는 그것을 볼 수 없고 인식할 수 없다. 혹은 그리할 마음이 전혀 없다. 따라서 니체는 칸트적 예술과 아름다움의 개념이 문화를 죽인다며 다음과 같이 쓰고 있다.

> 우리로 하여금 문화를 잃어버리게 한 것은 예술에 대한 우리 서구의 생각이다. (…) 우리의 무기력하고 무관심성(disinterested)의 예술이라는 생각에, 아욕(我慾)이 강하고 황홀한 관심성(interested)의 예술이라는 생각이 대립한다.[21]

이러한 사태가 벌어진 것은, 헤겔에 따르면, 18세기에 비판적(반성적) 의식이 출현했기 때문이다. 우리에게 비판적 의식이 자리 잡으면서 예술 작품은 더 이상 영혼의 정신적 요구를 만족시킬 수 없다. 우리는 반성적 경향과 비판적 입장이 너무 강해, 예술 작품의 내밀한 생명력까지 뚫고 들어가 예술 작품과 동일시되려고 하지 않기 때문이다. 우리는 아름다운 대상을 미학적 판단이 제공하는 '비판적 틀에 따라' 수용한다. 우리는 아름다운 대상 앞에서 그것이 주는 즉각적 향유가 아니라 판단의 권력을 누린다.

---

ed. by A. Tille, trans. by W. A. Hausemann, The MacMillan Company, 1897, 139-140.

21   Agamben, G., 앞 책, 2.

예술 작품은 더는 현대인에게 정신에 황홀감이나 신성한 공포를 야기
하는, 신성한 것의 구체적 나타남이 아니라, 자신의 비판적 취미를 행
사하는 특권적 기회다.[22]

20세기 최고의 철학자이자 나치즘 연루로 그 자신이 문제가 된 사상
가 하이데거(Martin Heidegger)는 현상학적 입장에서 그 사태를 바로
잡고자 한다. 예술을 향유하는 일차적 목적을 전문감식가나 탐미주의
자의 세련된 취향의 만족으로 전제하는 '미학적(aesthetic)'[23] 접근을
다음과 같이 혹평한다.

　　　예술은 (…) 오늘날 우리에게 페이스트리 요리사의 영역에 속한다.[24]

그가 보기에 문제의 뿌리는 주관주의(subjectivism)다. 예술 작품을
구체적이며 생생한 '살아있는 경험'이 아니라 주체가 느끼는 경험의
대상으로, 그러니까 감정의 관계로 접근하고 파악하는 것이다. 하이데
거에 따르면, 이러한 미학주의는 모든 사태를 주체와 객체로 구분해
바라보는 '세계 그림의 시대(The Age of the World Picture)'의 파생
물이다. '대상화'는 주객이 융합된 도구적 활동의 생활세계[25]로부터 벗

22　앞 책, 40-41.
23　"aesthetics"은 '감각(감성)의 학(學)'인데, "미학" 곧 '아름다움을 다루는 학문'
이라는 용어는 본디의 뜻을 은폐한다.
24　Heidegger, M., *Introduction to Metaphysics*, trans. by G. Fried and R. Polt,
Yale University Press, 2000, 140.
25　망치로 못을 박는 순간 우리는 망치와 나뉘지 않고 일체화된다. 망치를 대상화
하는 것은, 망치에 문제가 생겨 작동 불능하게 될 때인데, 하이데거는 전자의 'ready-
to-hand' 상태와 달리 'present-to-hand'로 명명한다.

어난 '이차적'(인식) 행위로서, 우리를 실제의 사물로부터 소외시킨다. 하이데거의 대안은, 예술 작품이나 사물을 어떤 이론적 태도도 갖지 않은 채, 그러니까 주관-객관 구분 이전의 상태로 돌아가 만나는 것이다. 그리할 때 사물의 진리가 현상한다. 예컨대, 고흐의 신발 그림은, 농부의 신발을 둘러싼, 농부의 신발이 귀속될 수 있는 세계와 존재를, 존재의 신비를 무(無)로부터 탈(脫)은폐한다.

현상학자는 '우리가 몸을 지니고 있는 것'이 아니라 '우리는 몸'이라고 왕왕 언명한다. 몸과 의식은 소위 데카르트의 이원론이 주장하듯 구분되어 있는 것이 아니라, 망치로 못을 박는 경우처럼 실제의 삶에서 하나로 융합되어 있는데, 반성적 의식에 기초한 이론적 태도의 출현으로 그 둘이 나뉜다고 주장한다. 그런데 우리는 일상적으로 우리의 몸을 대상화하는 것을 피할 수 없다. 몸은 결코 공기처럼 투명할 수 없는 까닭에 때때로 우리는 우리의 몸을 하나의 대상으로 의식한다. 따라서 메를로 퐁티처럼 이렇게 말하는 편이 옳겠다. 몸인 우리는 몸을 지니고 있다. 몸은 주체이면서 그와 동시에 객체다.

물아일체의 경험이 그렇듯, '전(前)객관적 경험'이라 부르는 사태는 우리가 무엇을 대상화하기 전에 발생한다. 세계의 즉각적 경험은 반성적 인식을 앞선다. 직관이라는 경험형식이 그러하다. 직관(적 경험)은 개념화를 거칠 경우 개념화될 수 없는 성분들이 모두 빠져나간다. 직관이란 인식뿐 아니라 특정한 시점에 발생하는 감각과 감정들, 소위 의식의 총체이기 때문이다. 직관은 오직 표현할 수 있을 뿐이다. 예술가는 소리로, 혹은 색과 형태로, 혹은 물질로 표현한다. 시인은 그것을 시적 언어로 표현한다.

매체는 살아있는 경험을 제한하거나 환원한다. 평범한 언어는 추상적이어서 특히 더 그렇다. 살아있는 경험을 날것 그대로 전달하는 것은 그러므로, 근본적으로 불가능하다. 그것은 오직 (매체와 매체를 다루는 한계 안에서) 표현할 수 있을 뿐이다. 그러므로 우리에게 주객분리 이전의 상태에서 나타나고 경험하는 사태, 예컨대 선사(禪師)가 알려주는 '산은 산이요 물은 물'의 존재 양태, 혹은 언어로 포착할 수 없는 무엇이 드러나는 신비 등과 같은 상태를 지향하는 것이 예술의 진리이며 본질이라는 주장은 우리에게, 아름다움이 아포리아일 수밖에 없다는 점을 다른 방식으로 환기한다.

6
κάλλος

아름다움, 차가운 빛의 경(景)

칸트가 아름다움을 '무관심한 관심'에서 얻는 즐거움으로 제시했듯, 쇼펜하우어는 아름다움을 의지로부터 벗어난 '고통 없는' 상태인 고요의 즐거움으로 간주한다. 두 사람은 모두 아름다움을 '욕망 없는' 상태로 간주한다. 쇼펜하우어의 '무(無)의지(will-less)'는 칸트의 '무관심성(disinterestedness)'에 상당한다. 칸트와 쇼펜하우어에게 욕망에서 벗어나는 것은 아름다움의 사태에 필수적이다. "모든 의지 행위는 필요로부터, 따라서 결핍으로부터, 따라서 고통으로부터 발생"[1]하기 때문이다. 쇼펜하우어는 이렇게 쓰고 있다.

우리가 항상 추구했으나 이전의 욕망의 길 위에서 항상 달아난 평화가 그때 모두 즉각적으로 저절로 우리에게 와서 우리와 함께 잘 머문다.

---

1 Schopenhauer, A., *The World as Will and Representation*, trans. by R. B. Haldane and J. Kemp, The Project Gutenberg eBook (http://www.gutenberg.org/license), 2011, 260.

그것은 에피쿠로스가 최고의 선, 그리고 신들의 상태라고 칭송한 고통 없는 상태다. 우리는 당분간 의지의 비참한 분투에서 자유롭기 때문이다. 우리는 의지의 징벌적인 노예 상태로부터 안식을 지킨다. 익시온의 바퀴가 멈춘다.[2]

'무(無)의지'는 몸과 마음의 이기적(利己的) 욕구로부터 벗어난 상태를 가리킨다. 쇼펜하우어에 따르면, 아름다움은 자기 자신을 잃지 않고서는 지각할 수도, 따라서 경험할 수도 없다. 아름다움은 자기 자신의 욕구와 욕망과 목표로부터 벗어난 "순수한" 지각이나 관조의 상태에서 나타나기 때문이다. 다르게 말해, 우리의 지성이 '생명 의지(will to life)'를 위해 작동하지 않는 상태에서 나타나기 때문이다. 쇼펜하우어의 아름다움은 그렇게, 영원히 회전하는 불(욕망)의 수레바퀴 익시온(Ixion)이 정지될 때, 곧 우리가 일상과 관련된 모든 생각을 중지하고 오직 '대상 그 자체'에 주목할 때 나타나는 무엇이다.

그러므로 쇼펜하우어의 아름다움은, 우리가 그러한 "순수한, 의지 없는, 고통 없는, 무시간적 앎의 주체"의 상태에 놓이기를 요구할 뿐 아니라, 대상 또한 플라톤적 이데아의 표상 곧 특정 사물에 내재된, 사물의 본질에 깃든 이데아[3]로 나타나기를 요청한다. 주체와 대상 양쪽이 동일하게 특정한 조건, 곧 세계가 진행되는 흐름으로부터 벗어나

---

2   앞 책, 261.

3   이데아는 예술에서 (음악을 제외하고) 매체에 의해 표상되고 지각되는 까닭에, 의지가 이데아로 대상화되는 정도는 일종의 계단처럼 위계적이다. 이데아가 매스, 중력, 강도, 빛 등으로 구현되는 건축이 가장 낮은 단계인 반면, 의지를 직접적으로 즉자로 표현할 수 있는 음악은 가장 높은 단계다.

고립된 상태에 놓여야 한다는 것이다. 아름다움은 시간이 멈추고, 관계들이 사라지고, 오직 본질적 이데아를 지각하는 상태에서만 나타난다. 그러므로 중력과 강도의 구속 아래 현실적 삶의 "필요성과 유용성의 요구에 크게 제한"받는, "의지에 봉사하는" 건축은, 오직 내재적 형식의 유기적 정합성으로써만 아름답게 나타날 수 있다. 건축은, 알베르티(Leon Battista Alberti)가 표현했듯, 무엇이든 하나라도 더하면 군더더기가 되고 무엇이든 하나라도 빼면 전체가 무너지는, 그러한 온전한 형식을 갖출 때 비로소 아름답다는 것인데, 쇼펜하우어는 이렇게 쓰고 있다.

> 그러므로 어찌 되었든 건물의 아름다움은, 모든 부분이 그 바깥의 인간의 자의적 목표가 아니라, 위치, 크기, 그리고 형태가, 가능하다면 만약 어떤 부분이 빠지면 전체가 조각나 무너지는 그러한 필연적 관계를 가져야 하는 전체의 안정성에 직접적으로 명백하게 조정되는 데 있다.[4]

쇼펜하우어는 자신의 미학을 칸트에서 시작한다. 자신의 철학 전반을 칸트의 코페르니쿠스적 전환[5]을 출발점으로 삼아, 세계를 그것의 궁극적 토대인 '의지'[6]와 의지가 자신을 대상화하는 '표상(생각)'이라

---

4 Schopenhauer, 앞 책, 283.
5 칸트는 자신의 저서 『순수이성비판』에서 자신의 인식론을 '코페르니쿠스적 전환'이라고 명명했다. 천체는 지구가 아니라 태양을 중심으로 돈다는 지동설로써 당시 기존 사회가 숭배하던 천동설을 뒤집은 코페르니쿠스처럼, 칸트는, 우리의 인식은 대상에 의거한다는 당시의 생각을 역전시켜 대상에 대한 인식은 우리 자신의 주관적 구성에 의해 이루어진다고 주장했다. 이로써 인식의 근거는 객관이 아니라 주관으로 이동한다.
6 쇼펜하우어의 "의지(Will)"는 우리의 본능적 욕구의 토대에 자리 잡고 있는, 특별한 이유도 없고 목표도 없는 비합리적 충동을 가리킨다.

는 양면의 구성체로 파악한다. 그는 아름다움 또한 그러한 방식으로 (그러나 세계의 안티테제로) 구성한다. 아름다움이란 의지가 아닌 '무(無)의지'가 대상의 표상이 아니라 그것의 본질인 이데아(Idea)를 만나는 것이다. 그런 까닭에 그것은 이성이나 오성이 아니라 오직 직관으로써만 포착 가능하다. 쇼펜하우어가 칸트와 갈라지는 것은 바로 이 지점이다. 아름다움을 판단 곧 '인식(이성)'의 문제로 해명한 칸트와 달리, 쇼펜하우어는 그것을 '직접적인 경험'의 문제로 파악한다. 칸트의 주체가 구성하는 "초월적 앎"이 아니라, 그 이전에 포착되는 "내재적 앎"으로 제시한다.[7]

　쇼펜하우어에 따르면, 아름다움이란 자기 자신을 향하는 주관이 아니라 자기 자신으로부터 벗어난 객관의 사태다. 그는 그 점에서 칸트와 대립한다. 건축이 아름답기 어려운 것은 그것이 봉사해야 하는 현실적 유용성 때문이다. 건축은 바로 그것 때문에 모든 예술 중에서 "가장 낮은 단계의 의지의 객관성"에 속한다. 현실로부터 가장 자유롭지 못하다는 것이다. 아름다움은 현실에 얽힌 모든 주관의 질곡에서 벗어날 때라야 비로소 나타난다. "가장 온전한 객관성"은, "시작도 없고 목표도 없이 앞에 놓인 모든 것을 구부리고 교란하고 휩쓸어가는 격렬한 태풍"이 아니라, "태풍에도 별 영향 없이 태풍을 관통하는 침묵의 햇살" 같은 것이다. "끊임없이 변하며 잠시도 결코 멈추지 않는 폭포수의 셀 수 없는 물방울들"이 아니라 "사나운 격류 위에 조용히 멈춰 있는 무지개"와 같은 것이다.[8] 아름다움이란, 한 마디로 이데아를 포착하는

7　Schopenhauer, 앞 책, 232.

8　앞 책.

순수한 관조다.

쇼펜하우어에게 아름다움은 그렇게 현실의 삶의 현장이 아니라, 거기 깃든 햇살이나 무지개처럼 그것과 동떨어져 나타나는, 세상이 온전히 동결(凍結)될 때 출현하는 광경(光景) 곧 차가운 빛의 경(景)이다. 그는 이렇게 쓰고 있다.

> 빛은 아름다움의 왕관의 가장 큰 보석이며, 모든 아름다운 대상에 대한 지식에 가장 결정적 영향을 갖는다. 빛의 현존은 아름다움의 필수불가결의 조건이다. 그 우호적 배열은 가장 아름다운 것의 아름다움을 증대시킨다. 건축의 아름다움은 다른 어떤 것보다도 더더욱 빛의 호의로 향상되며, 심지어 가장 사소한 것마저 빛의 영향을 통해 가장 아름답게 된다. 혹 겨울이 깊어 자연 전체가 동결되고 굳을 때, 우리는 돌덩어리에 반사되는 석양의 햇살들을 보게 되는데, 그것은 온기 없이 비추는 까닭에 의지가 아니라 오직 가장 순수한 종류의 지식에만 우호적이다. 그 돌덩어리들에 주는 빛의 아름다운 효과의 관조는, 모든 아름다움이 그렇듯, 우리를 순수한 앎의 상태로 끌어올린다.[9]

아름다운 대상은 빛난다. 특히 깊은 겨울, 돌덩어리를 비추는 '온기 없는' 빛은 우리로 하여금 의지를 초월해 순수한 앎에 머무르게 한다.

> 그런데 이 경우 그러한 광선의 온기의 결핍, 다른 말로, 생명 원리의 부재에 대한 희미한 회상이 있는 까닭에, 우리를 순수한 앎의 상태로 고

---

9 앞 책, 269.

양시키기 위해서는 의지의 관심에 대한 특정한 초월이 요구된다.[10]

　삶은, 혹은 생명은 곧 욕망이요 에로스다. 살아있는 존재는 욕망하고 욕망하는 것을 붙잡고자 한다. 우리는 욕망하는 한 살아있다. 그런데 쇼펜하우어에 따르면, 아름다움은 바로 그 상태를 넘어선, 그리하여 '생명 의지(will to life)'가 부재(不在)한 상황에서 출현한다. 그리하여 그때에는 모든 것이 아름다운데도 우리가 아름다움을 보지 못하는데, 그것은 바로 우리가 놓지 못하고 있는 '생명 의지' 때문이다.

　　모든 것은 또한 아름답다. 심지어 가장 사소한 것들도 순수한, 객관적
　　인, 그리고 의지 없는 관조를 허락하고, 그로써 그것들이 아름답다는
　　것을 입증한다. (…) 그런데 어떤 것은 다른 것들보다 더 아름답다. 그
　　것은 그러한 관조를 더 쉽게 할 수 있도록, 그 자신을 더 그리할 수 있
　　도록, 말하자면 심지어 그리하도록 강제하기 때문인데, 그 때 우리는
　　그것을 매우 아름답다고 한다.[11]

　우리가 사물에서 얻는 가장 큰 기쁨은 빛이 부여한다. "빛이야말로 가장 완전한 종류의 지각의 앎의 조건이자 객관적 상관물"[12]이기 때문이다. 그러므로 가장 낮은 단계의 객관성에 머물러 있는 건축은, 혹은 건물이 이루는 공간과 도시는 특히, "불투명한, 예리한 윤곽을 지닌, 그리고 다양하게 성형된 돌덩어리로써"[13] 빛을 붙잡아 드러내어야 우

10　Schopenhauer, 앞 책.

11　앞 책, 277.

12　앞 책, 285.

13　앞 책.

리 앞에 아름답게 나타난다. 쇼펜하우어가 바로 위에서 썼듯, 빛은 우리를 순수한 관조자가 되도록 강제하기 때문이다. 그러므로 아름다움의 원천은, 우리의 '생명 의지'가 들어설 여지가 없도록 강제하는 차가운 빛인데, 이탈리아 화가 데 키리코(Giorgio de Chirico)는 그 상황을 이렇게 묘사하고 있다.

> 나는 베르사유의 어느 생생한 겨울날을 기억한다. 침묵과 고요가 압도했다. 모든 것이 신비하고, 묻는 눈길로 나를 응시했다. 그리고서 나는, 궁전의 모든 구석, 모든 기둥, 모든 창문이 정신을, 뚫고 들어갈 수 없는 영혼을 지닌 것을 깨달았다. 나는, 마치 완전한 노래처럼 사랑 없이 우리에게 퍼붓는, 겨울 태양의 동결된 빛살들 아래, 명료한 공기 속에서, 움직임 없는 대리석 영웅들을 보았다. 새 한 마리가 창가 새집에서 재잘거리고 있었다. 그 순간 나는, 모종의 이상한 형태를 창조하라고 촉구하는 신비를 알게 되었다. 그리고 창조물은 창조자보다 더 비범하게 보였다.[14]

데 키리코가 경험한, 그리하여 작품 창작으로 이끌게 된 것 또한, 침묵과 고요가 지배하는 '사랑 없는' 광경(光景)이다. 생명 원리가 부재한 차가운 빛의 경(景)이다. 특히 병적 상태에서 응시하는 '사랑 없는' 일상은, 늘 보던 것인데도 신비로 빛난다.

올해 내가 살롱 도톤느(Salon d'Automne)에서 보여줄, 어느 가을날 오

---

14   de Chirico, G., "Meditations of a Painter", in *Theories of Modern Art: A Source Book by Artists and Critics*, ed. by H. B. Chipp, University of California Press, 1968, 397.

후의 수수께끼(*Enigma of an Autumn Afternoon*)라는 제목의 그림의 계시를 어떻게 받았는지 이야기할게. 어느 맑은 가을 오후 나는 플로렌스의 산타 크로체 광장 한가운데 있는 벤치에 앉아 있었어. 이 광장을 본 것은 물론 처음이 아니었어. 나는 오래된 고통스러운 장 질환으로부터 빠져나오고 있었으며, 거의 병적 상태의 감수성 상태이었어. 건물들과 분수들의 대리석에 이르기까지 온 세계가 병에서 회복 중인 것 같았어. (…) 따뜻하고 사랑 없는 가을 태양이 조각상과 교회 정면을 비추었는데, 나는 그 때, 내가 이것들을 처음 보고 있다는 인상을 얻었고, 그림의 구성이 마음의 눈에 잡혔어. 나는 이제 내가 이 그림을 볼 때마다 그 순간을 다시 봐. 그럼에도 불구하고 그 순간은, 설명할 수 있는 것이 아닌 까닭에 나에게 하나의 수수께끼야. 나는 거기서 생겨난 작품을 수수께끼라고 부르고 싶어.[15]

쇼펜하우어와 데 키리코가 묘사하는 '사랑 없는' 광경(光景), 곧 차가운 빛의 경(景)의 관조는 코넬대 영문학 교수 컬러(Jonathan Culler)가 가리키는 '시적 상황'과 그리 다르지 않다. 시와 산문의 본질적 차이는 바로 '읽는 방식'에 있기 때문이다. 일상의 공간이 뒤로 물러서면 진부한 신문 텍스트마저 시가 된다.[16] 체코의 문학, 언어학, 미학 이론가 무카로브스키(Jan Mukařovský)가 해명하는 언어의 시적 기능이 정확히 '사랑 없는' 차가운 빛이 하는 일이다. 우리와 대상 간의 일상적(인 도구성의) 관계의 단절은, 텍스트가 그 바깥의 무엇을 언급하고 사라지는 것이 아니라 텍스트 그 자체를 최대한 전경(前景)화시킨

15   앞 책.
16   Culler, J., *Structuralist Poetics: Structuralism, Linguistics, and the Study of Literature*, Cornell University Press, 1993, 161.

다.[17]

　　엘리엇(T. S. Eliot)에 따르면, 시를, 혹은 어떤 대상을 시적으로 향유하는 것은, "모든 우발적인 개인적 감정이 제거된, 순수한 관조"로서, 대상을 "그것이 실제로 존재하는 대로 보는 것"[18]이다. 우리는 그러한 지적 노동을 하지 않고서는 "신의 지성을 사랑하는 관점의 단계에 도달할 수 없다." 그러므로 시적 과정은 "끊임없는 인간성의 제거(depersonalization)"[19]로서, 삶을 '추상'하는 것이다.

　　우리는 왜 대상을 '그것이 실제로 존재하는 대로' 보지 않는가? 혹은 볼 수 없는가? 우리는, 특별한 사건이 생기지 않는 한, 우리 자신의 욕망과 일상의 관심사에 따라 살기 때문이다. 일상세계에서 우리는 모든 것을 기능 연관으로 인식한다. 욕망 해결의 도구로 파악한다. 좋고 나쁨의 가치에 근거해 다룬다. 한 마디로, 우리의 일상적 의식은 가치판단에 묶여 있다. 소나무를 어떤 이는 상품으로, 어떤 이는 조경(造景) 요소로, 어떤 이는 생태계를 이루는 부분으로, 어떤 이는 그저 하나의 나무로 본다. 우리는 또한 언어에 묶여 있는 존재다. 저기 덩그러니 놓여있는 것은 바위요, 머리 위에 흐르는 듯 멈추어 있는 것은 구름이다. 언어는 존재를 죽여 쓸모 있고 소통 가능한 도구로 만든다. 그로써 일상의 삶을 살게 한다. 그리하여 무엇을 보고 무엇을 행하지만, 무

17　Mukařovský, J., "Structuralism in Esthetics and in Literary Studies", in *The Prague School: Selected Writings*, 1929-1946, ed. by P. Steiner, University of Texas Press, 1982, 79.

18　Eliot, T. S., *The Sacred Wood*, Butler and Tanner, 1967, 15.

19　Eliot, T. S., *Selected Essays*, Faber and Faber, 1951, 17.

엇을 보았는지 무엇을 행했는지 종종 헷갈린다. 보지만 의식 없이 보고, 하지만 마음 없이 하기 때문이다. 대상은 찰나의 표면으로 머물다 사라진다.

그러므로 선(禪)은 '마음 챙김'이요, 시(詩)는 "공을 향한 기원이며 무의 대화"[20]다. 선은 일상성에 함몰된 마음을 챙겨 주목하는 것이며, 시는 일상적으로 아무 소용없는, 아무 의미 없는 대상을 향해 바라보고 상상하며 마음을 주고받는 대화다. 프랑스 시인 발레리(Paul Valéry)의 표현으로, 산문은 행진이요, 시는 춤이다. 산문은 언제나 앞으로 나아가는 직선이지만, 시는 끊임없이 자신으로 돌아가는 원이다. 그러므로 시인은, 의미를 죽임으로써 언어를 부활시키고자 한다. 언어를 생생한 실재로 복귀시키고자 결단한다. 의미를 죽이는 것은 곧 인간을 죽이는 것이며, "역사로부터 자신을 제거하고 그 자리에 순수한 혹은 본질적인 존재와 시간을 공여하는 초월"[21]의 감행이다.

아름다움을 경험하는 것은 우리가 다만 미학적 태도, 미학적 상황에 머무는 것이다. 능동적으로나 수동적으로 시인이 되는 사태인데, 차가운 빛이 그것을 촉발한다. 사랑 없는 차가운 빛은 칸트의 '무관심의 관심'과 쇼펜하우어의 '무(無)의지'의 관조를 강제한다. 순수한 관조는 대상을 즉자적 존재로 바꾼다. 주체를 파토스 곧 감정으로부터 벗어나게 한다. 그로써 대상을 정념 없이, 곧 나의 관심사 바깥에서 홀로 머무는 고유한 존재로 살피게 한다. 칸트와 쇼펜하우어와 데 키리코, 그

---

20   옥타비오 파스, 『활과 리라』, 김홍근 옮김, 솔, 1998.

21   Octavio Paz, https://www.encyclopedia.com/people/literature-and-arts/lat-in-american-literature-biographies/octavio-paz

리고 거의 모든 시인에게 아름다움은, 한 마디로 우리가 대상을 삶(욕망)의 세계 바깥에서 직관적으로 만나는 것이다. 사랑 없는 관계로 다만 그것의 존재에 머무는 것이다. 아름다움은 '생명 의지'의 부재 곧 타나토스(Thanatos, 죽음의 본능)가 야기하는 사태다.

릴케(Rainer Maria Rilke)는 그것을 삶의 세계 너머의 '순수 공간'이라 부른다. 우리가 닿을 수 없는, 생명이 부재한 공간이다. 그는 『두이노의 비가』[22]에서 이렇게 썼다. 아름다움이란 "우리가 간신히 견디어내는 무서움의 시작"이다. 그런데도 "우리가 이처럼 아름다움에 경탄하는 까닭은 그것이 우리를 파멸시키는 것 따윈 아랑곳하지 않기 때문이다."(제1 비가) 아름다움은 그렇게 인간사(人間事)와 전적으로 무관한 사태다.

> 보라, 나무들은 '있다'. (…) 우리들만이 이 모든 것을 스쳐 지난다. 오고 가는 바람처럼. 그리고 만물은 하나같이 우리의 일을 침묵하고 있다.(제2 비가)

언어적 존재인 우리는 세계밖에 알지 못한다. 세계에 붙잡힌 우리는 세계를 빠져나가는, 혹은 세계가 포획할 수 없는 순수 공간을 만나지 못한다. 다음은 제8 비가의 일부다.

> 죽음을 보는 것은 우리들뿐이다. 자유로운 존재인 동물은

---

22   라이너 마리아 릴케, 『두이노의 비가』, 손재준 옮김, 열린책들 세계문학 e컬렉션, 2017.

언제나 몰락을 뒤에 두고

앞에는 신을 보고 있다. 걸을 때에는 영원 속으로

걸어 들어간다. 마치 샘물이 흘러가듯이.

'우리는' 단 한 번도, 단 하루의 날도

꽃들이 끊임없이 피어 들어가는 그 순수 공간을

만나는 적이 없다. 우리가 만나는 것은 언제나 세계이다.

그러므로 시인이 하는 일은, 언어가 종식되는 무서운 지점에 다가서는 것이다. 거기 서서 인간 세계 바깥에서 내리치는 망치가 우리의 심장을 때리는 고통을, 빛나는 울음으로 화답하는 것이다. 행복하기를, 더 행복하기를 욕망하는 우리는 그것이 산산이 부서져 아래로 떨어질 때, 그 때 감동한다. 두이노 비가는 이렇게 끝난다.

나 언젠가 무서운 인식의 끝에 서서

화답하는 천사를 향해 환호와 찬미의 노래 크게 부르게 되기를.

맑게 내려친 심장의 망치가

연약한 현, 주저하는 현 혹은 에는 듯한 현에 닿아도

그 울림소리 흩어지지 않기를, 쏟아지는 눈물이

내 얼굴을 더욱 빛나게 하기를, 남모르는 울음이

꽃으로 피어나기를.

(…)

그리고 우리들, '상승하는' 행복을 생각하는 우리는

경악에 가까운

감동을 받으리라,

'아래로 내리는' 행복을 만날 때.

'세계내존재'일 수밖에 없는 우리가 아름다움을 위해 할 일은, 세계 바깥에 대한 환영을 포기한 채 기어이 세계의 끝에 설 수 있는 시인의 기술을 배우는 것이다. 워즈워드(William Wordsworth)는 자신의 시〈서곡〉제10권 말미에서 이렇게 쓰고 있다.

> 그러나 바로 그 세계 안에서, 우리 모두가 속한 세계 - 종국적으로 우리가 우리의 행복을 발견하는, 그렇지 않으면 아무것도 아닌 그 장소에서.

아름다움을 욕망 없는 상태 곧 '생명 의지'가 부재한 차가운 빛의 경(景)으로 삼는 것은, 독일의 미술사학자이자 미학자이었던 보링거(Wilhelm Worringer)가 설명했듯, "외부세계의 현상이 인간에게 불어넣은 거대한 내적 불안"에 맞선 '추상 의지(will to abstraction)'의 소산이다.[23] 적대적인 현실세계에 처한 우리는, 그것을 부정함으로써 현실로부터 구원되기를 욕망하는 추동 충동에 따른다. 그로써 우리는, 근본적으로 고통과 우연성과 변화에 내맡겨진, 변덕스럽고 믿을 수 없는 외부세계의 대상을 "필연적이고 확실한 것, 곧 절대가치"로 재구성함으로써 "상대적인 것의 번민으로부터 휴식"을 확보하고자 한다. 현실세계의 혼란과 무의미로부터 고요의 안식을 얻고자 한다. 독일 조각가 힐데브란트(Adolf von Hildebrand)가 대표적인데,[24] 그에 따르면 조각가의 과업이란 보는 이들로 하여금 "명료한 시각의 관념"을 형성해 입방체가 주는 "고통스러운 특성"으로부터 벗어나게 하는 것이다.

---

23   빌헬름 보링거, 『추상과 감통』, 이종건 옮김, 경기대학교 출판사, 2006.
24   힐데브란트는 "고전 형태의 무(無)시간적 순수성" 곧 추상의 아름다움을 추구했다.

시간과 공간에 구속되는 현실세계는 생로병사와 길흉화복의 여러 문제들로 늘 북적인다. 꼬리를 물고 이어지는 각종 사건과 사고, 예고 없는 경제적 파국, 내란과 전쟁과 여러 형태의 갈등, 인간의 힘을 넘어선 천재지변 등 세계는 끊임없이 변동하지만, 그 변동은 누구도 정확히 예측할 수 없고, 통제는 더더욱 불가능하다. 고향과 공동체를 잃고 불확실한 미래를 살아가는, 늙고 아프고 상처받는 몸을 지닌 현대의 개인적 주체는, 그리하여 단 한 순간도 고요하기 힘들다. 인간이 생래적으로 지닌 모든 결함과 한계를 뒤집어 투사(投射)한, 혹은 그리 존재한다고 믿어온 온전하고 영원한 긍휼과 자비와 사랑의 존재인 신(의 구원)은, 현대인에게 이미 과거의 일이거나 단지 고독한 개인의 지극히 사사롭고 연약한 희망으로 남을 뿐이다. 안식은 피안에 있으며, 구원의 길은 초월밖에 없다. 간절히 원하는 것의 나타남은 그러므로, 아름다울 수밖에 없다. 즉자적인 모든 것 곧 불변의 형상은, 무지개가 그렇듯, 구원의 징표이거나 약속이다. 출가(出家)와 탈속(脫俗)은 그 길에 들어서는 큰 실행이며, 마음 챙김(mindfulness)과 시작(詩作)은 잠깐의 고요를 위한 작은 의례다. 아름다움은 우리의 '생명 의지' 바깥에 있다.

아름다움, 뜨거운 정념의 힘

아름다움은 다른 철학자와 예술가에게는 차가운 빛의 경(景)이 아니라 뜨거운 정념을 불러일으키는 힘이다. 우리를 끌어당기는 에로스다.

니체는 아름다움을 '무관심한 관심'으로 해명하는 칸트를 조롱한다. 옷 벗은 여인상을 어찌 그렇게 볼 수 있느냐며 냉소한다.[1] 아름다움과 사랑을 대립적으로 설정하는 칸트와 달리, 니체는 아름다움을 사랑(성적 욕망)과 철저히 밀착된 것으로 보는데, 버크(Edmund Burke)도 그렇다. 버크에게 아름다움은 "사랑 혹은 그에 유사한 모종의 정념을 야기하는 특질이나 특질들"[2]이다. 니체는 예술가와 시인의 '사랑 없는' 비현실적 아름다움을 다음과 같이 꿈에 빗댄다.

1　Nietzsche, F., *On the Genealogy of Morals/Ecce Homo*, trans. by W. Kaufmann and R. J. Hollingdale, Vintage Books, 1967, 104.

2　Burke, E., *A Philosophical Enquiry into the Origin of Our Ideas of the Sublime and the Beautiful*, ed. by J. T. Boulton, Columbia University Press, 1958, 38.

꿈 세계의 아름다운 환영은 모든 사람이 그것을 창조하는 진정한 예술가인데, 모든 조형예술의 필수조건이며, 우리가 보게 되듯 시의 중요한 부분이다. 꿈속에서 우리는 형상의 즉각적 이해로 기뻐한다. 모든 형태는 우리에게 말을 건넨다. 중요하지 않거나 피상적인 것은 아무것도 없다. 그런데 그 꿈의 경험이 가장 강렬할 때조차 우리는, 그로써 반짝이지만, 그것이 그저 나타남에 불과한 것이라는 감각을 여전히 갖는다. 적어도 이것은 나의 경험이며, (…) 그 빈도에도 불구하고 나는, 시인의 말을 포함해 수많은 증거들을 예시할 수 있다.[3]

소크라테스는 『향연(Symposium)』에서 디오티마(Diotima)의 입을 빌려, 아름다움을 에로스의 대상으로 해명한다. 에로스는 오직 아름다운 대상에 집중한다. 소크라테스는 그러한 에로스를 (네 번째 종류의) 광기(μανία, madness)로 파악한다.[4] 에로스는, 우리로 하여금 우리(세상)로부터 벗어나 바깥의 무엇을 받아들이게 한다는 점에서 그렇다. 시인은 그로써 속세를 벗어나 뮤즈의 목소리를 듣는다. 베아트리체의 아름다움은 단테의 영혼을 송두리째 사로잡아 그의 삶을 '새로운 삶(Vita Nuova)'이라는 부르는, 그 이전과는 전혀 다른 차원의 삶을 살도록 내몬다. 단테는 베아트리체를 처음 본 순간을 이렇게 쓰고 있다.

그 순간, 가장 진실하게 말하건대, 가장 비밀스러운 마음의 방에 머물던 영혼이 너무나 격렬하게 떨리기 시작해 내 몸의 가장 작은 맥박마저

3   Nietzsche, F., *The Birth of Tragedy*, trans. by W. Kaufmann, Vintage Books, 1989, 34.
4   Plato, *Phaedrus*, trans. by B. Jowett, The Project Gutenberg eBook, 2013, 1234-1235.

그와 함께 떨었다. 그리고 떨림 속에 이렇게 말했다. '여기 나보다 강한 신이 있구나.' (…) 말하건대, 그 순간부터 사랑이 나의 영혼을 단단히 지배했다.[5]

니체는 칸트와 쇼펜하우어가 제시하는 '욕망 없는' 아름다움을, 아름다움의 단 하나의 측면으로 처분한다. 그리고서, '욕망을 불러일으키는' 다른 아름다움을 제시한다.

> 설령 쇼펜하우어가 그 자신의 경우에 백번 옳다고 하더라도, 그것이 아름다움의 본성에 대해 우리에게 주는 통찰은 무엇인가? 쇼펜하우어는 아름다움의 한 효과, 곧 아름다움의 의지의 진정 효과를 서술했는데, 그런데 그것이 잦은 효과인가? 스탕달은 (…) 아름다움의 또 다른 효과를 강조한다. '아름다움은 행복을 약속한다.' 그에게 그 사실은 정확히, 아름다움은 의지('흥미 있음')를 불러일으킨다는 것이다.[6]

니체가 보기에, '차가운 빛'의 경(景)이라는 아름다움 또한 아름다움이긴 하다. 그러나 그것은 금욕주의자가 고통스러운 현실로부터 해방되고자 하는 기획으로서, 세상에 대한 겁쟁이의 복수 정신에서 비롯된 아름다움이다. 현실이 아니라 꿈(욕망 없는 관조)에서나 존재하는 그것은, 그저 이미지로 머물 뿐 우리의 실제 삶과 무관하다. 그럴 뿐 아니라, 현실을 회피하게 만들어 우리의 삶의 의지를 도리어 낭비하게 만든다.

5 Alighieri, D., *The New Life*, 124.
6 Nietzsche, F., *The Birth of Tragedy*, 105.

오, 너 감상적 위선자들, 너 색골들이여! 너의 욕망은 천진함을 결핍하
고, 그러므로 너는 이제 모든 욕망을 비방하는구나. (…) 아름다움이
어디 있느냐? 나는 어디에서 나의 모든 의지로 의지해야 하느냐? 어디
에서 사랑하고 죽기를 원해, 이미지가 그저 이미지로 머물지 않도록 하
겠느냐? (…) 사랑하고자 하는 의지, 그러니까 또한 죽고자 의지하는
것 말이다.[7]

복수 정신은 고통스러운, 그러나 저항할 수 없는 현실에 '깊은 증오'
곧 '파괴 욕망'으로 맞선다. 무엇보다도 감정을 없애버림으로써 그리
한다. 평온을 위해 무심, 무감, 무욕을 욕망한다.

고통을 겪는 자는 모두 본능적으로 자신의 고통의 원인을 찾는다. (…)
감정의 방출은 고통 겪는 자가 안도를 위한, 아니면 이렇게 말할까, 마
취 상태를 위한 가장 큰 시도이다.[8]

복수 정신은 적대적인 외부세계에 의해 발생하고 성립하는 것이어
서 근본적으로 반동적이다. 그리고 바로 그 적대하는 대상의 그림자로
서 성이는 까닭에, 거기에 매여있는 까닭에 노예의 존재다. '노예의 도
덕', 곧 약자의 도덕은 세상에 대해 원한(ressentiment)을 품지만 현실
적으로 풀 수 없는 까닭에 '상상의 복수'를 벌인다. 그리하여 '다른'
것, 곧 '자기 자신이 아닌' 것에 '아니다'라고 말하며, 자신의 세계를

---

7 Nietzsche, F., *Thus Spoke Zarathustra*, ed. by A. D. Caro and R. B. Pippin, trans. by A. D. Caro, Cambridge University Press, 2006, 96.
8 Nietzsche, F., *On the Genealogy of Morals/Ecce Homo*, ed. by K. Ansell-Pearson, trans. by C. Diethe, Cambridge University Press, 2006, 93.

자신이 아니라 자신의 바깥에 투사(投射)한다. 니체에 따르면, 서구인이 갖게 된 원한은 근본적으로 시간 곧 실존의 잠정성에 기인한다. 반드시 죽을 수밖에 없는 필멸(必滅)의 존재는 붙잡을 수 없는 흐르는 시간에 공간의 낙인을 찍어 복수한다. 생성의 세계 바깥에 영원한 것을 둠으로써, 그리고 고통의 원인을 영원의 세계를 받아들이지 않는 데 둠으로써, 바깥의 유동적 세계에 복수한다. 그런데, '관조'라는 도달 불가능한 아름다움으로 벌이는 타나토스의 복수는, 그 대가로 불모의 저주를 돌려받는다.

> 그런데 이제 너 무력한 음흉한 자는 '관조'로 불리고 싶어 하는구나! 비겁한 눈짓으로만 만질 수 있도록 해 주는 것을, 너는 '아름다운'이라는 말로 세례(洗禮)하는구나. 어찌 너는 고상한 이름을 더럽히는가! 그러나 순진무구한 너, 너, 순수하게 지각(知覺)하는 자여, 이것이 네 저주가 될 것이다. 네가 지평에 활짝 누워 임신하더라도 너는 결코 분만하지 못하리라.[9]

자신을 늦게 배우는 자라 공언하는 소크라테스는 디오티마에게 묻는다. 에로스는 왜 아름다움을 대상으로 삼는가? 에로스의 기능이 인간에게 하는 기능은 도대체 무엇인가? 디오티마가 짧게 대답한다. "그것[에로스의 기능]은 아름다움 안에서, 육체와 정신이 모두 분만하는 것이다."[10] 아름다움은 에로스의 대상일 뿐 아니라, 에로스가 거기서 모종의 창조적 혹은 생성적 충동을 얻는 것이기도 하다는 것이다.

9　Nietzsche, F., 앞 책, 96.
10　Hyland, Drew A., 앞 책, 48-49.

에로틱한 것이 모든 창조의 토대일 뿐 아니라 창조적 충동 그 자체
는 에로틱하다는 것인데, 이 둘의 관계는 현대미학에 이르러 분리된
다.[11] 플라톤주의의 영향을 받은 "신과 동료에 대한 사랑과 자비라는
경건주의 신학"이 칸트의 무관심한 관심으로 전이되면서다.[12] 즐거움
이 여전히 핵심이지만, 그것을 책임지는 것은 더 이상 욕망이 아니라
이성이다.

전혀 알아듣지 못하겠다는 소크라테스의 주장에 디오티마는 이렇게
설명한다.

> 모든 인간은 임신 중이다, 소크라테스. 몸과 영혼 모두에. 우리가 성년
> 이 되면, 우리의 본성은 분만하고자 하는 것이다. 그런데 추한 것에서
> 분만하는 것은 불가능하다. 오직 아름다움에서만. 남자와 여자의 결합
> 이 분만이다. 이것은 신성한 일이며, 이 임신과 생산이 살아있는 필멸
> 의 존재에 불멸성을 불어넣는다.[13]

아름다움에 내포되어 있는 불멸성과 분만에 대해 스카리는 이렇게
쓰고 있다.

> 우리는 아름다움이 (…) 왜 불멸성과 묶여 있는 것으로 지각되어 왔는
> 지 알 수 있다. 아름다움은 선례를, 그 선례는 더 이전의 사례를 찾도록
> 촉발해, 정신이 마침내 더 이상 선례가 없는 무엇에 도달할 때까지 뒤

---

11   앞 책, 49.

12   Konstan, D., 앞 책, 181.

13   앞 책, 50.

로 계속 여행하게 하기 때문인데, 그것은 응당 불멸성이다.[14]

아름다움이 촉발하는 시간의 확장은 공간의 반복으로 이어진다. 그로써 또다른 아름다움을 분만한다.

> [아름다움은 그것을] 보는 자가 (…) 기꺼이 자신을 새로운 아름다움을 낳는 수고를 감당하게 한다.[15]

창조 곧 분만은 임신을, 임신은 에로틱한 행위를, 에로틱한 행위는 아름다움을 요구한다. 아름다움은 진실로 에로스와 밀접하다. "에로틱한 경험은 아름다움을 그것의 세속적 유사성에서 만남으로써 발생한다."[16] 에로스는 그리스 문화에서 대개 비합리적이고 파열적인 힘으로 그려지는 성적 욕망을 뜻하지만, 플라톤(소크라테스)의 에로스는 정확히 말해 딱히 섹스 욕망은 아니나,[17] 그럼에도 불구하고 거기에는 늘 섹스의 함의가 있다. 아름다운 것은 에로틱하다. 그런데 프랑스 사회학자 부르디외(Pierre Bourdieu)에 따르면, 동물성을 혐오하고 천박한 즐거움을 경멸한 칸트는, 부르주아 계급의식으로 보편적이고 순수한 즐거움에 매달렸다. 결론적으로 그가 이상적인 것으로 설정한 즐거움은 "즐거움이 정화된 즐거움", "즐거움의 폐기를 암시하는 금욕적인,

---

14   Scarry, E., 앞 책, 30.

15   앞 책, 116.

16   Fan, L., *Love and Madness in Plato's Phaedrus*, Ph.D. Dissertation, University of St. Andrews, 2016, 69.

17   Barney, R., "Eros and Necessity in the Ascent from the Cave", *Ancient Philosophy* 28, Mathesis Publications, 2008, 14.

텅 빈 즐거움"이다.[18]

  니체는 잠깐의 환영으로 구원의 빛을 비추는 아름다운 꿈의 화신 '아폴로(Apollo)'에 맞서, 끔찍한 현실을 견디고 받아들일 수 있게 할 뿐 아니라 그로써 끝없는 기쁨을 주는 '디오니소스(Dionysus)'를 제시한다. 니체가 자신의 후기 작업에서 해명하는 디오니소스적 예술의 경험은 성적 쾌락의 연장선에 있다.

> 그리스 본능, 곧 '삶의 의지'의 근본적 사실이 표현되는 것은 오직 디오니소스적 신비, 디오니소스적 상태의 심리다. (…) 죽음과 변화에도 불구하고 삶에 대한 득의양양한 '그래(Yea)', 출산을 통한, 섹슈얼리티의 신비를 통한 삶의 집합적 연장으로 생각되는 진짜 삶. 그리스인들에게 섹스의 상징은 가장 숭배하는 상징, 고대의 모든 경건함의 진정하게 심오한 의미다. (…) 신비의 교의에는 고통이 성스러운 것으로 공포된다. '출산의 고통'은 일반적으로 고통을 성화(聖化)하는데, 모든 생성과 모든 성장, 미래를 보장하는 모든 것은 고통을 내포한다.[19]

  니체는 아름다움의 진정한 모형을, 단순한 수용자에 불과한 칸트가 아니라 '진짜' 수용자이자 '진짜' 창조자인 스탕달에게서 본다. 감상과 창조의 진정한 결합은, 아름다움이 주는 '행복의 약속'인 도취(Rausch)로 이루어진다. 아름다움이란, 대상과 '거리'를 둔 차가운 광

---

18   Konstan, D., 앞 책, 186.
19   Nietzsche, F., *The Twilight of the Idols or How to Philosophize with the Hammer*, ed. by Dr. O. Levy, trans. by A. M. Ludovici, The Project Gutenberg eBook 2016, 1456~457.

경의 즐거움이 아니라, 대상을 껴안는 뜨거운 정념의 즐거움이다. 그
것을 경험하는 자는, 아름다움의 유혹과 매혹이, 그리고 거기서 얻는
도취가 너무나 큰 까닭에 현실의 고통마저 기꺼이 껴안는다.

> 전 기계의 흥분성을 강화하는 도취 없이는 어떤 예술도 있을 수 없다.
> (⋯) 무엇보다도 성적 흥분, 가장 고대의 본디 형태의 도취. (⋯) 도취
> 에 본질적인 것은 충만함과 증대하는 힘의 감정이다. 이 감정은 우리를
> 사물에서 해방시켜준다. (⋯) 훨씬 더 결정적인 것은 핵심 특성을 몰아
> 내어 다른 모든 것이 그 과정에서 사라지도록 하는 엄청난 충동이다.[20]

니체가 보기에, 예컨대 베토벤의 '기쁨의 송가'가 그렇다. 음악은 우
리를 사로잡는다. 우리는 단순히 거기에 빠진다. 베토벤 음악은 그 시
대의 실존을 모두 껴안고 고통을 이겨내는 생명력을 부추긴다. 그러므
로 음악이 없는 삶은 실수(mistake)다.[21] 예술은 그렇게 우리가 살아있
다는 감정을 불러일으키고 생명력을 증대시킴으로써, 고통스러운 현
실로부터 도피하기보다 현실을 긍정하게 한다.

니체에게 예술은, 한 마디로 "삶의 위대한 자극제"[22]다. 생명의 힘인
에로스를 자극하고 강화시켜 자신에게 주어진 어떤 형태의 삶도, 심지
어 그것의 무한한 반복마저 긍정하도록 하는 것이 예술이 삶을 위해

---

20   Nietzsche, F., *The Anti-Christ, Ecce Homo, Twilight of the Idols and Other Writings*, ed. by A. Ridley and J. Norman, trans. by J. Norman, Cambridge University Press, 2007, 195-96.

21   앞 책, 160.

22   앞 책, 204.

떠맡아야 할 과업이다. 아름다움은 우리를 매혹시켜 불나방처럼 불 속에 뛰어들게 한다. 나르시스처럼 물속에 뛰어들게 한다. 그런데 예술이 삶에 복무한다는 니체의 말은, 개인이 아니라 인류에게 해당한다. 오직 더 강한 인간성 혹은 인간 정신을 위해, 개인은 자신을 파괴하고 극복해야 한다. 니체의 아름다움은 쇼펜하우어의 '개체화 원리'를 넘어서게 한다. 이 지점에서 니체는 쇼펜하우어와 만난다.

　　쇼펜하우어에 따르면, 즉자('있는 그대로의 존재')는 목표 없는 맹목적 추구의 에너지다. 선(善)도 악(惡)도 없는, 내재적으로 무의미한 흐름이다. 인간은 무엇을 알고자 하는 욕구로 즉자의 나타남을 객체화함으로써, 의지를 파악할 수 있는 개별적인 것들로 파편화한다. 파편화의 결과는 끔찍하다. 홉스(Thomas Hobbes)의 '만인 대 만인의 투쟁'과 흡사하게, 각각의 개체는 '개체화' 혹은 '충족이유(sufficient reason)'의 원리[23]에 따라 다른 모든 개체들과 끊임없이 분투하는, '모두가 모두에 맞서는 영구적 전쟁' 세계에 들어서기 때문이다. 인간도 예외가 아니다. 개인으로서 우리 또한, 우리 자신의 인식론적 구성의 고통스러운 산물이며, 그리하여 우리가 구조화하는 현상계 안에서 다른 개인들과 싸울 수밖에 없는 운명이다. 쇼펜하우어가 보기에 우리의 일상세계는 본질적으로 폭력적이고 불만투성이다. 그래서 일상의 삶은 고통스럽다. 우리의 의식이 충족이유(개체화)의 원리에 머무는 한, 우리는 결코 고요의 상태에 진입할 수 없다.

23　'충족이유율(Principle of sufficient reason)'이라고도 부르는데, '이유 없이 생기는 것은 없다.'는 전통적인 원리를 라이프니츠가 처음으로 주제화했다. 그것에 따르면 모든 사물은 '왜 이렇게 존재하고 그 이외의 다른 방식으로 존재하지 않는가?'라는 충분한 이유에 의해 존재한다.

우리가 고요한 의식의 상태에 도달할 수 있는 하나의 방식은 미학적 지각에 의해서다. 쇼펜하우어에 따르면 예술의 최고 목적은 플라톤적 이데아의 소통으로서, 우리는 예술을 통해 대상의 본질 혹은 원형을 포착하고 그 안에서 우리 자신(의 개체성)을 잃는다. 혹은 넘어선다. 우리는 예술 작품을 통해 개별적인 사과나무가 아니라 모든 사과나무의 원형을 지각한다. 우리의 의식은 개체화 지향 상태에서 보편화 지향 상태, 곧 "의지 없는, 고통 없는, 무(無)시간적 앎의 주체"로 이행한다. 쇼펜하우어가 보기에 음악은 그러한 기능을 최고의 단계에서 수행한다. 음악은 감정을 특정한 일상 환경으로부터 추상해서 표현하는 까닭에 그렇다. 음악은 감정과 거리를 유지한 채 슬픔 그 자체, 기쁨 그 자체 곧 감정의 본질을 지각하게 함으로써, 일상적 삶과 연루된 좌절과 불만 없이 세계를 만나게 한다. 그리하여 세계를 관조하는 철학처럼 우리를 고요에 머물게 한다. 그런데 음악은 타인의 고통과 공감하는 연민을 불러일으킬 수는 없는 까닭에, 우리를 여전히 개체화 원리에 머물게 한다. 게다가 미학적 지각은 일상세계에서 단지 짧은 시간 동안 초월을 제공할 뿐이다.

개체화를 넘어서기 위해 쇼펜하우어는 미학적 인식에서 도덕적 인식으로 나아간다. 도덕적 인식은 우리가 신체적 개별성을 초월할 수 있도록 해주기 때문인데, 이 지점에서 쇼펜하우어는 칸트와 맥을 같이 한다. 소위 도덕의 황금률이 그러한데, 쇼펜하우어는 도덕의 토대를 측은지심(惻隱之心)에 의한 공감으로 삼는다. 우리가 측은지심으로 다른 사람(의 내적 본질)이 우리 자신과 동일하다는 것을 인식하면, 그러니까 개별 인간은 인류 그 자체인 '의지'의 유일한 행위의 한 순간이며 양상이라는 것을 보편적 층위에서 인식하면, 우리는 가해자와 피해자의 차이가 환영이라는 것을 알게 된다. 연민에 기초한 도덕적 공감은 다른 사람의 삶을 직접적으로 느끼게 하며, 가해자와 피해자의 입장을 동등하게 상상하게 하며, 인류의 관점에서 모든 타인과 일치감을 느끼게 하며, 모든 대립되는 경험과 처지와 성격을 단 하나의 보편적 의식에 위치시킬 수 있도록 한다. 그로써 개체화를 넘어 고요에 이르게 한다. 쇼펜하우어에게 모든 사태를 업보(業報)로 보는 불교의 인식은, 고요의 상태를 달성하는 궁극적 방법이다.

니체와 쇼펜하우어가, 그리고 칸트가 주창하는 것은, 개인을 넘어 보편적 인간 곧 인류에 참여하는 것이다. 니체와 쇼펜하우어의 아름다움은 그것을 다른 방식으로 돕는다. 정신이 개별성으로부터 보편성으로 나아가는 것은, 헤겔의 절대정신이 전개되는 방식이기도 하다. 예술은 보편적 울림을 지닌 개별적 존재의 드러남이다.

아름다움, 야누스의 아지랑이

우리를 매혹하고 도취시키는 뜨거운 정념. 니체가 제시하는 디오니소스적 아름다움은 '차가운 빛'이 들어설 여지를 전혀 주지 않는 것 같다. 그가 초기에 그것의 안티테제로 규정한 모든 조형예술의 신, "아름다운 환영의 지배자"인 빛의 신 아폴로는 후기에 나타나지 않는다. '영원한 생성의 기쁨'의 화신인 디오니소스의 자칭 사도(師徒), 완전히 미치기 직전까지 자신의 우편엽서에 "디오니소스"라고 서명한 니체는 아폴로를 잊었는가? 아폴로를 영구적으로 폐기해 버렸는가?

이 물음에 대한 답변은 해체철학의 대가(大家) 데리다(Jacques Derrida)의 통찰을 통해 어림짐작할 수 있다. 데리다에 따르면, 『비극의 탄생』에 나오는 "아폴로 대(對) 디오니소스" 혹은 『이 사람을 보라』의 마지막 문장인 "내가 이해되었는가? 디오니소스 대(對) 십자가에 못 박힌 자."에서 니체가 자신과 동일시하는 이름은 이쪽도 저쪽도 아닌 '대(對)'다. "두 이름 사이라고 불리는 전투(戰鬪)"다.[1] 디오니소스가 삶의 긍정을 상징한다면, 사도 바울이 생각한 예수인 '십자가에 못 박힌 자'는 삶의 부정을 나타내는데, 니체는 디오니소스든 아폴로든, 혹은 '십자가에 못 박힌 자'든, 어느 한쪽에 치우치지 않고 두 대립자가 이루는 팽팽한 긴장에 머물려고 애썼다는 것이다. 둘 모두 끌어안고자 애썼다는 것이다. 디오니소스의 사도는 왜 아폴로를 등질 수 없었나? 답변의 실마리는 프랑스의 실존주의 철학자이자 작가 카뮈(Albert Camus)가 거론한 아주 짧은 우화에서 찾아볼 수 있는데, 우화의 내용은 이렇다.

> 욕조에서 낚시하고 있는 미친 사람 이야기를 알고 있어. 정신병 치료에 대해 알고 있는 의사가 그에게 "물고기들이 좀 무는지" 물었더니, 그는 씁쓸한 대답으로 이렇게 응대했대. "물론 안 물지, 바보야, 욕조잖아."

'물고기가 물 것'이라고 상상하는 것이 쇼펜하우어가 추구한 아폴로적 상황이라면, 디오니소스적 상황은 욕조를 욕조로, 따라서 거기서 낚시하는 사람을 정신병자로 보는 것이다. 전자가 무미건조하고 고통스러운 현실로부터 도피하는 꿈 혹은 환상이라고 한다면, 후자는 사태를 '주어져 있는 것 그대로' 대면하고 긍정하는 현실이라고 할 수 있다. 그렇다면 그 둘의 접합 상황, 그러니까 낚시를 드리우고 있는 곳이 욕조라는 것을 알면서도 낚시질을 하고 있는 '미친 사람'은 무엇이며, 그는 우리에게 어떤 이야기를 하고 있는가?

---

1   Derrida, J., *The Ear of the Other: Otobiography, Transference, Translation*, ed. by C. McDonald, trans. by P. Kamuf, Schocken Books, 1985, 11.

니체가 천착하는 디오니소스적 아름다움 곧 에로스(생명 본능)의 아름다움은 나와 너의 경계, 혹은 나와 대상 간의 경계를 없앤다. 아폴로적인 것의 '개체화 원리'를 침범해 개체의 테두리를 허물며, 모든 형식과 질서를 넘치고 파괴한다. 그 점에서, 디오니소스는 버크나 칸트의 숭고와 그리 다르지 않다. 그런데 니체는 그것을 이성으로 귀속시키는 칸트와 달리, 파토스로 다룬다. 사랑의 감정이나 성적 흥분이 그렇다. 그것들은 비합리적이다. 이성적이라기보다 차라리 동물적이다.

그렇다면, 아름다움을 겨냥하는 에로스가 욕망하는 것은 무엇인가? 욕망이 궁극적으로 욕망하는 것은 (더 큰) 욕망이듯, 욕망이 가장 두려워하는 것은 욕망의 소멸이듯, 에로스가 욕망하는 것은 그리스 철학자들이 말하는 것과 달리, 성스러움이나 진리나 선이 아니라 무엇보다도 에로스 그 자체다. 정확히 이 맥락에서 에로스(생명 본능)는 그것의 대립자인 타나토스(죽음 본능)를 요청하는데, 이것은 정신분석, 특히 프로이트가 세상을 떠날 때까지 '죽음 충동'이라는 개념으로 씨름한 문제다.

프로이트에 따르면, 생명의 유일한 목적은 즐거움(쾌감)을 취하는 것이다. 정확히 말하자면, 우리가 잃어버렸는지조차 알 수 없이 '잃어버린' 즐거움, 상징계(언어)가 자리 잡기 이전(유아기)의 일이어서 아무리 애를 써도 기억해낼 수 없는 '원초적 즐거움'을 되찾는 것이다. 되찾을 뿐 아니라 그 즐거움을 누리고 또 누리는 것이다. 아름다운 대상은 바로 그 즐거움을 약속한다. 그런데 이 말은 정신분석의 관점에서는 다음처럼 거꾸로 말하는 편이 옳다. 원초적 즐거움을 약속하는 대상(으로 나타나는 것)은 아름답다. 에로스는 아름다움에 매혹된다.

그리고 아름다움에 매혹된 에로스는 죽음 충동이 절실하다. 흥분되어 격렬해진 자극(에너지)을 없애기 위해서다. 에로스가 도달하고자 하는 상태는 '대양 감정(Oceanic Feeling)' 혹은 '니르바나'라 부르는 성적 에너지의 소멸 곧 죽음이다. 에로스는 죽음을 욕망한다. 프로이트의 표현으로, 생명의 목적은 죽음이다.

> 우리가 만약, 살아있는 모든 것은 내적인 이유들로 죽는다는, 다시 한 번 무기물이 된다는 것을 예외 없는 진실로 받아들이게 되면, 우리는 '모든 생명의 목적은 죽음이다'라고, 그리고 돌이켜보아, '무생물이 생물 이전에 존재했다'고 말하지 않을 수 없다.[2]

즐거움을 지향하는 에로스는 죽음 충동과 공존한다. 그런데 에로스와 타나토스만 그런 관계에 있는 것이 아니다. 모든 가치나 의미의 대립 쌍은, 결코 그 쌍을 잇는 끈 없이 홀로 존재할 수 없다. '빛 없는 어둠'이 없듯, 혹은 '어둠 없는 빛'이 없듯, '무질서 없는 질서'는 성립하지 않는다. 지키는 힘은 파괴하는 힘이 있는 까닭에, 그리고 파괴하는 힘은 지키는 힘이 있는 까닭에 생긴다. '아폴로 없는 디오니소스'는 단순히 성립 불가능하다.

아도르노(Theodor W. Adorno)가 정확히 그랬듯, 데리다 또한 그 문제를 씨름한다. 데리다는 아도르노 상 수상연설문을 꿈 이야기로 구성하는데, 그가 그로써 전하고자 하는 요점은 이러하다.[3] 철학은 본질

---

2   Freud, S., *Beyond the Pleasure Principle*, trans. and ed. by J. Strachey, W. W. Norton & Company, 1961, 32.
3   Derrida, J., "Ficus: Frankfurt Address", *Paper Machine*, trans. by R. Bowlby,

적으로 꿈과 "깨어있음, 주권적 자아, 방심하지 않는 의식"을 분명히 구분한다. 그런데 시인, 작가, 음악가, 화가, 심지어 정신분석가 등은 그 둘을 분명히 구분하지 않고 둘 간의 연속성을 긍정한다. 철학(자)은 꿈을 부정적인 것으로 취급한다. 더 나아가 심지어 가장 아름다운 꿈마저 '단순한 나타남(환영)'으로 취급해 손상을 입힌다. 철학은 그리하는 가운데 다음과 같은 악몽에 시달린다. "꿈이 깨어있음보다 더 경계심 있고, 무의식이 의식보다 더 사려 깊고, 문학이나 예술이 철학보다 더 철학적이고 더 비판적일 수 있다는 진리를, 혹시 의식이 숨기거나 잠들게 하는 것은 아닐까?"[4] 데리다에 따르면, 꿈(문학)과 각성(철학) 둘 모두의 상속자인 아도르노는 둘 사이를 늘 머뭇거렸다. 꿈을 배신하지 않고 넘어서고자 하는 벤야민의 다르게 생각하기, 그러니까 "꿈의 교훈과 명증성에 충실한 채 그 의미에 주목하면서 깨어있기, 곧 각성과 경계심을 함양하기"를 숙고했다.

이 맥락에서 데리다의 수상연설문 중 흥미로운 부분은 말미에 간략하게 소개한 자신의 집필 구상이다. 자신이 언젠가 쓰리라고 언급한, 자신이 받는 상을 해석하는 책에 대한 소개인데, 그 책을 구성하는 7개의 장에서 자신이 가장 즐겨 쓸 것이라고 밝힌 마지막 장이 특히 흥미롭다. 데리다에 따르면 그것은 아도르노가 이미 언급한 것으로서 앞으로 아도르노의 사유를 읽어내는 데 핵심이다. 아도르노는, 자연에 대한 인간의 지배는 동물을 향했다고 말했는데, 그 점에서 그는 특히 칸트를 비난했다. 칸트적 인간에게는 인간과 동물성 간의 유사성을 기억

Stanford University Press, 2005, 164-203.
4 앞 책.

하는 것이 가장 역겨운 일일 뿐 아니라 터부이기 때문이다. 데리다는 아도르노의 말을 이어 이렇게 말했다. "파시즘은, 인간 속의 동물을 포함해 동물을 모욕할 때 시작된다. 진정한 이상주의는 인간 속의 동물을 모욕하는 데, 혹은 인간을 동물처럼 취급하는 데 있다."[5] 유태인은 이상주의자에게 동물이다.

인간에게, 특히 서구인에게 동물성은 오랫동안 인간됨을 정초하고 규정해 온 인간성의 안티테제[6]다. 심지어 인간성의 발달 정도를 매기는 심급이기도 했다. 미개인, 신체적으로나 정신적으로 결함이 있는 사람, 여자와 아이 등은, 동물처럼 잘 훈육시켜야 할 비인간이거나 낮은 단계의 인간이었다. 유태인, 원주민이나 토착인, 흑인 등에 대한 인종차별도 거기서 연유한다. 동물성은, 그리고 그에 따라 인간은, 배제와 포함의 논리가 동시에 작동하는 "인류 기계(anthropological machine)"[7]의 산물이다. '인류 기계'는 살아있는 존재를 각각의 요소들, 예컨대 몸과 정신으로 자르고서, 인간을 만들어내기 위해 그것을 다시 접어 넣는다. 아리스토텔레스가 정의한 인간 '이성적 동물'이 정확히 그러한데, 인간은 '이성' 덕분에 동물과 전적으로 다른 존재의 평면에 속하지만 여전히 동물이다. 아감벤(Giorgio Agamben)은 그러한 포함과 배제의 공간을 '예외 상태(state of exception)'라고 부르는데, 법에 구속되면서도 비상 상태를 선포함으로써 바로 그 법을 정지할 수 있는 최고의 권력자가 거기 속한다. 인간은 그렇게 자신을 지구 생명

---

5   앞 책.

6   동물의 본질이라기보다 인간성을 성립시키기 위해 인간이 구성한, 이성(각성)의 대립 개념이다.

7   Agamben, G., *The Open: Man and Animal*, Stanford University Press, 2004, 80.

체의 최고 입법자로 자처한다.

철학자가 이성을 내세워 인간을 동물과 구분한다면, 그리고 그로써 사유를 위해 꿈을 등진 채 각성에 매달린다면, 작가(와 창조하는 철학자)의 작업은 차라리 동물의 삶과 연관된다. 들뢰즈에 따르면 "순수한 상태의 예술"은 영역 만들기인데, 창작에 매진하는 사람은 새로운 영역을 만들기 위해 어떤 영역에도 안주하지 않고 한 눈을 뜬 채 자면서 늘 "경계 중"이어야 하기 때문이다. "작가의 과업은 동물이 자신의 환경에서 움직이고 반응하는 것과 유사한, 비인간적 삶의 힘이 되는 것으로 이루어진다."[8] '한 눈 뜬 채 자기'는 깨어있는 상태에서 꿈꾸는 '욕조에서 낚시하기'와 다르지 않다.

죽음은 인간을 동물과 구분시키는 인간의 특권이다. 하이데거의 표현으로, 동물은 '끝나는 것(coming to an end)'이지 '죽는 것(dying)'이 아니다. 그런데 사람도 죽지 않고 생명이 끝난다. 하이데거는 이렇게 썼다. "수십만 명이 집단으로 죽는다. 그들은 죽는가? 그들은 소멸된다. (…) 그들은 강제수용소에서 소문 없이 처분된다. 그리고 그것은 그렇더라도 심지어 중국에서는 이제 수백만 명이 기아로 소멸된다."[9] 하이데거가 썼듯, '죽는다'는 것은 본질적으로 죽음을 떠맡는 것이다. 죽을 수 있다는 것은 죽음을 떠맡을 수 있다는 뜻이다. 프로이트가 썼

---

8   Beaulieu, A., "The Status of Animality in Deleuze's Thought" In *Journal for Critical Animal Studies*, Vol. IX, Issue 1/2, 2011.

9   Rabinbach, A., "A Specter That Will Not Go Away: A Review of Berel Lang, Heidegger's Silence", *Jewish Social Studies*, New Series, Vol. 4, No. 3, 1998, 168-171.

듯 생명의 목표가 죽음이라면, 인간은 죽음을 떠맡을 수 있어야 한다.

그런데 들뢰즈에 따르면, 죽는 법을 아는 것은 인간이 아니라 동물이다. 동물이야말로 자신의 마지막 순간을 살기 위해 집단에서 벗어나 고독을 찾아 나서기 때문이다. 미국 에모리대 철학 교수 미첼(Andrew J. Mitchell)은 동물성과 죽음에 대한 하이데거의 후기 사유를 이렇게 결론짓는다.

> '죽을 운명(mortality)'은 인간이 아니다. 사실 인간에게 죽을 운명은 동물성의 해방을 통해 가능할 뿐이다. (…) 죽을 운명은 인간의 특권이 결코 아니다.[10]

그러므로 인간은 생각하는 법을 다시 배워야 한다. 동물성과 대립된 차가운 이성이 아니라 동물성과 접합된 뜨거운 이성을, 그리고 삶과 죽음이 공존하고 뒤얽히는 삶을 숙고해야 한다. '욕조에서 낚시하기' 우화가 말하고 있는 것은, 꿈과 현실, 동물성과 이성, 차가운 빛과 뜨거운 정념, 아폴로와 디오니소스, 에로스와 타나토스, 이 둘의 접합 혹은 통합 상태다. 니체의 '진정한' 디오니소스 곧 '아폴로를 품고 있는' 디오니소스, 뜬 눈으로 꿈꾸기, 단순히 꿈이라는 것을 알면서도 꿈을 꾸는 것, 삶을 예술로 삼는 것 등이 그러한 것들인데, 이것이 바로 니체가 진실로 의도한 것이리라. 데리다는 실제로 니체를 그렇게 읽어낸다. "여성성을 살고 있는 죽은 남자"[11]인 니체, 불사조처럼 끊임없이 죽

---

10   Mitchell, A. J., "Heidegger's Later Thinking of Animality: The End of World Poverty", In *The Heidegger Circle Annual*, 2011, 74-85.

11   Derrida, J., 앞 책, 17.

음으로써 새롭게 살아가는 생성의 인간 니체는 이렇게 썼다. "나의 자라투스트라의 어떤 것이라도 이해하려면, 내가 존재하는 것과 유사한 조건이어야 한다. 한 발을 삶 너머에 둔 채." 데리다는 그 진술을 이렇게 다시 썼다. "한 발, 그리고 삶 그리고/혹은 죽음 너머 가기, 단 한 발짝."[12]

생각하는 것(이성)이 진정 인간성의 특권이라면, 아감벤에 따르면, 그것은 이제 동물성을 통제하거나 숨기기보다 동물처럼 '순수하게 내버려져 있음(pure abandonment)'을 생각하는 편이, 그리함으로써 동물성의 핵심에 놓인 멍한 상태를 생각하는 편이 더 자연적(동물적)인 인간이 되는 방식이다.[13] 하이데거의 말처럼 동물의 특징이 사태(상황)에 붙잡혀 있는 것이라면, 닫혀 있는 사태에 열려 있는 존재양식이라면, 그래서 행위가 아니라 '멍한 상태로' 거동하는 것이라면, 그리고 그에 반해 '세계내존재'인 인간(Dasein)이 닫혀 있는 것이 열리는 사태에 늘 열려 있는 상태로 무언가를 좇아 행동하는 존재라면, 인간과 동물의 접합 상태는 동물처럼 "깊은 지겨움(profound boredom)"에 머무는 '닫혀 있음에 열려 있는' 멍한 상태일 것이다. 그러한 현실세계의 중지 상태야말로 "순수한 가능성을 가능하게 하는"데, 하이데거는 그것을 "본디의 가능화(originary *possibilitization*)", 아감벤은 무위(無爲, *désœuvrement*)라고 부른다. 욕조에서 낚시하기가 그렇다. 그것은 현실과 꿈 사이 곧 비현실에 머무는 것이다.

---

12   앞 책, 19.
13   Agamben, G., 앞 책, 80.

니체는 『권력 의지』에서 이렇게 말했다. "우리는 진리로 죽지 않기 위해 예술을 소유한다." 이것은 미학적 실존을 위한 언명이다. '세상은 무의미한 고해(苦海)'라는 진술이 설령 진리라 할지라도, 우리는 그 진리에 복종한 채 고통스럽게 살기보다, 바로 그 무의미한 고해를 우리 각자 자신의 고유한 기쁨과 의미로 지어나갈 때 비로소 우리 각자에게 주어진 생을 생생하고 충만하게 실존한다는 것이다. 사르트르가 실존은 본질에 앞선다고 했듯, 그리고 언어는 문법을 앞서듯, 삶은 늘 의미(본질)를 앞선다. 모든 의미(진리)는 사후 개념화의 산물이다. 그리고 그것은 오직 삶으로 돌아가 삶과 대질하는 가운데 그 가치가 판명난다.

그러므로 주어진 현실에서 도피하기보다, 그리하여 꿈에 의탁하기보다, 현실을 살아낼, 그리고 기꺼이 살아낼 수 기술과 힘이 우리에게 필요하다. 예술은 그러한 의지를 부추기는 "삶의 위대한 자극제"다. 진정한 예술가는 우리에게 "두렵고 미심쩍은 것에 두려움 없이 직면하는" 삶의 태도를 보여준다. 그런데 니체가 제시하는, "고통 받는 자의 구원, 곧 고통을 의욕하고 변화시키고 신성화하는, 고통이 큰 기쁨의 한 형태가 되는 그러한 상태에 이르는 길"[14]은 과연 어떤 것이며, 어디에 있는가? 그러한 아름다움은 무엇인가?

에로스는 쾌감밖에 모른다. 죽음 충동은 정적, 침묵, 해체를 통한 무(無)만 안다. 둘 다 맹목적이며 일방향성이다. 그리고 에로스는 타나토스를 목적으로 삼는다. 이 지점에서 흥미로운 점은, 에로스는 타나토

14   Nietzsche, F., *The Will to Power*, trans. by W. Kaufmann and R. J. Hollingdale, Vintage Books, 1968, 452.

스를 향해 곧바로 돌진하지 않는다는 것이다. 에로스는 타나토스를 우
회하고 순환한다. 마치 궁사(弓師)처럼, 타나토스가 목적이지만 다른
대상을 목표한다. 목적과 목표 사이의 공백, 그것이 에로스를, 그리고
타나토스를 끊임없이 살린다. 에로스는 타나토스를 품고서 쾌감을 구
한다. 혹은 타나토스로써 쾌감을 얻는다. 타나토스는 에로스의 쾌감에
필수적 파트너다.

그러므로 에로스는 쾌감에 한정되지 않는다고 할 수 있다. 쾌감만으
로는 그것의 기제를 온전히 해명할 수 없기 때문이다. 러시아 의사이
자 정신분석가 슈필라인(Sabina Spielrein)의 주장이 정확히 그렇다.[15]
그녀에 따르면, 에로스의 가장 강한 충동인 재생산(출산) 충동은 긍정
적 감정뿐 아니라 부정적 감정(불안과 역겨움)도 수반한다. 예컨대 사
디즘과 같은 성 충동에도 파괴성 곧 "성 본능 내부의 죽음 본능"이 있
다. 프로이트에 따르면, 모든 섹스 행위는 일정 정도 사디즘의 측면을
띤다. 사디즘은 '정도'를 넘을 때 도착이 될 뿐이다.

슈필라인의 이론에서 흥미로운 것은 그녀가 구분하는 '자아 마음
(ego-psyche)'과 그것보다 더 깊은 층위에 존재하는 '종(種) 마음(spe-
cies-psyche)'이다.[16] '자아 마음'은 "분화 경향"을, '종 마음'은 "소멸
과 동화 경향"을 가리킨다. 쇼펜하우어의 맥락에서 개체화 원리와 보

---

15 슈필라인은 융(Carl Jung)의 제자이자 융과 프로이트 둘 모두와 친밀하게 지내
며 둘에게서 정신분석을 사사(師事)했는데, 죽음 충동의 개념을 프로이트 이전에 발표
함으로써 프로이트가 그 개념을 발전시키는 데 크게 공헌했다.

16 Caropreso, F., "The Death Drive according to Sabina Spielrein", *Psicologia
USP*, Vol. 27, 2016, 414-19.

편화(소멸) 경향이라고 할 수 있다. 아폴로가 고립된 하나의 완전한 빛의 형식으로서 개체화 원리라고 한다면, 디오니소스는 대상과 통합하는 무형식의 질료라고 할 있다.

슈필라인이 보기에, 인류의 보존에는 성 본능과 죽음 본능이 모두 필요하다. 그런데 개체화의 소멸 과정 곧 성(생명) 본능이 죽음 본능으로 변형되는 것은, 자아에 대한 끊임없는 집착으로 특히 초기에 엄청난 고통과 우울을 초래한다.[17] 인간이 쾌락 원칙에 온통 지배되는 것은 아니라는 것이다. 우리의 현실이 정확히 그렇다. 현실을 '고통 없는 즐거움'으로 인식하는 것은, 환상이 마련하는 도피이거나 그것을 부정하는 신앙밖에 없다. 슈필라인에 따르면, '종(種) 마음'은 고통에서 기쁨을 느낄 수 있지만, 쾌락 원칙에 따라 그리하는 것은 아니다.

라캉은 프로이트의 죽음 충동을 '향락(*jouissance*)'[18]이라는 개념으로 재해석해 발전시킨다. 에로스는 우리가 태어나 최초로 경험한, 그리고서 언어적 주체로 출현함으로써 잃어버린 바로 그 '하나 됨', 곧 '시원적 전일 상태(향락)'를 겨냥한다. 쾌락 원칙에 따라, '잃어버린' 바로 그 향락을 회복하고자 움직인다. 그런데 헤겔이 '말은 사물을 죽인다.'고 했듯, 라캉에 따르면, "사물을 재현하는 노력으로 지각적(상상적) 경험의 하나 됨의 감각을 잃게 된다."[19] 언어에 의한 매개 곧 재

---

17   흥미롭게도 예술적 경험에서는 자아(개체)가 집단(인류)으로 변형하는 경험이 즐겁다. 사랑하는 사람에게 자아가 소멸되는 경험도 그렇다.
18   '향락'은 프로이트의 리비도(성 에너지) 개념을 라캉이 달리 옮겨 쓰는 용어인데, 즐거움과 고통, 존재와 무 사이를 오가도록 하는 것을 가리킨다.
19   Ragland, E., *Essays on the Pleasures of Death: From Freud to Lacan*, Routledge, 1995, 85.

현은 결코 본디의 향락에 가닿을 수 없다는 것이다.

  그것은 바로 인간은 무엇보다도 언어적 주체이기 때문이다. 인간은
오직 언어적 주체가 됨으로써 인간 곧 사회적 존재로 출현한다. 그런
데 언어적 존재가 되는 순간 언어화 될 수 없는 모든 실재들은 빠져나
간다. 인간은 언어에 의해 분열된 주체다. 언어적 주체가 되는 대가로,
언어 이전에 경험한 향락(실재)을 영원히 잃는다. 언어는 우리를 향락
으로부터 구조적으로 소외시킨다. 에로스가 구하는 즉각적 만족에 내
재적 '금지(한계 혹은 일종의 법)'를 부가한다. 그런데 언어는 우리를
실재로부터 소외시킬 뿐 아니라, 정확히 그로써 우리가 (불가능한) 향
락을 되찾기 위해 애쓰도록 영원히 내몬다. 라캉에 따르면, 주체성이
란 분열을 치유하고자 하는 충동 곧 욕망의 다른 이름이다. 에로스를
추동하는 것은 바로 분열로 인해 발생한, 언어, 존재, 신체 한가운데
'만질 수 있을 듯한' '공백'이다.

  우리는 아름다움(선, 불멸, 무한, 절대성)을 그렇다고 여기는 대상과
동일시한다. 설령 그리하지 않더라도, 아름다움은 추상적인 것이어서
특정 대상에서 찾을 수밖에 없다. 어느 쪽이든 다음의 사태가 벌어진
다. 아름다움에 빠지면 우리는 아름다움이 주는 즐거움을 영원히 누리
기 위해 그 대상을 소유하려 애쓴다. 그런데 대상이 소유물로 전락하
면 대상에 있다고 믿었던 아름다움이 연기처럼 사라져버린다. 그리하
여 우리는 다른 (아름다운) 대상을 찾는다. 아름다움은 그렇게 아지랑
이처럼 가물거릴 뿐 결코 잡을 수 없는데도, 우리는 다른 대상으로 미
끄러져 아름다움을 붙잡으려고 반복적으로 애쓴다.

문제는 우리가 아름다움 그 자체에 고착(固着)될 때 (도착적으로) 주객전도가 발생한다는 것이다. 에로스가 반복강박증으로 아름다움 (이념)에 사로잡히면, 다르게 말해 아름다움이 에로스의 주인이 되면, 에로스는 타나토스로 변한다. 즐거움은 고통으로 변한다. 호색과 정력의 신화인 돈 후안(Don Juan)에게 매력적인 여자는, 그뿐 아니라 심지어 성적 즐거움마저, 방편일 뿐이다. 그의 목적은 오직 '완전한 호색가'가 되는 것이기 때문이다. 그는 그로써 욕망의 주인이 아니라 종으로 전락한다. 종의 삶은 즐겁기보다 고통스럽다. '조각상 사랑(agal-matophilia)'이라는 용어의 말뜻 그대로, 비너스 조각상과 사랑에 빠져 실제로 그것과 성교하려는 사람도 있다.[20] 그럼에도 불구하고 아름다움은 소유는커녕 잠시 붙잡지도 못한다. 환상이며 백일몽일 뿐이다. 아름다움은 에로스도 타나토스도 붙잡을 수 없는, 눈앞에 가물거리는 아지랑이다.

이로써 우리는 다음 사태에 직면한다. 아름다움이란 붙잡으려고 하면 할수록 더 붙잡을 수 없게 된다. 가까이 가면 갈수록 연기처럼 허망하게 빠져나가 우리로부터 더 멀어진다. 그럼에도 불구하고 강박적 반복으로 아름다움 혹은 아름답게 보이는 특정 대상에 집착하면 할수록 우리는 결국 고통스러운 도착에 빠진다. 그런데 어디 아름다움의 사태만 그런가? 우리가 추구하는 혹은 붙잡혀 있는 모든 욕망(의 대상)이 다 그렇지 않은가? 한 중학교 선생인 유부녀가 유산을 노리고 자기 어머니의 살인을 청부하기에 이르게 된 것은, 수억 원대에 이르는 선물로 기어이 붙잡고자 한 한때 유명했던 스포츠선수 때문이리라.

---

20   Konstan D., 앞 책, 21-22.

그런데 그렇다고 해서 우리는 욕망으로부터 등을 돌릴 수는 없다. 무욕 곧 욕망을 없애고자 하는 것도 욕망이기 때문이다. 생명은, 그리고 생명의 충동인 에로스는 욕망하는 정념의 에너지다. 죽음의 충동인 타나토스도 그렇다. 죽고자 하든 살고자 하든, 우리는 살아있는 한 욕망하는 존재다. 그러므로 욕망하는 자가 얻어야 할 지혜는 욕망을 둘러싼 사태의 전모(全貌)에 대한 투명한 인식과 욕망에 대한 거리와 균형이다. 이것은 소유가 아니라 존재 양식(樣式)의 삶으로 옮겨가는 과제와 그리 다르지 않다. 존재 양식의 삶은 갖고자 하기보다, 소유로써 욕망을 해결하려 하기보다, 사태를 마음에 챙겨 인식하고 체험하고 경험하는 데 집중한다. 그러한 삶의 양식(樣式)은 공간이 아니라 시간을 삶의 필수 양식(糧食)으로 삼아야 가능한 일이다. 시간은 전적으로 모든 사람에게 공평하고 보상 없이 주어진다. 기쁨과 슬픔은 오직 쓰고 누리는 자에 달렸다. 무엇보다도 소유와 무관하다.

9
κάλλος

아름다움, 영혼의 자유

아름다움은 우리가 (몸으로) 태어나기 전에 영혼으로 본 '참된 존재'다. 이것은 아름다움에 대한 소크라테스의 해명을 한 문장으로 축약한 것인데, 미국 트리니티대학 철학 교수 하일랜드(Drew A. Hyland)는 플라톤이 들려주는 소크라테스의 진술을 다음과 같이 주해한다.[1]

인간은 영혼의 존재다. 소크라테스가 이해하고 있는 영혼은 다만 '스스로 움직이는 것(self-motion)'으로서, 우리는 그로써 신의 차원에 속한다. 그리고 영혼이 무엇인지는 오직 신만 말할 수 있다. 소크라테스에 따르면 우리가 신과 다른 것은, 신은 '몸 없는 순수 영혼'이라는 것이다. 우리도 처음에는 몸 없는 영혼으로 신들을 따라 우주를 돌아다녔다. 그러다가 날개를 잃고[2] 추락하면서 몸으로 들어가 인간으로

---

1 Hyland, D. A., *Plato and the Question of Beauty*, Indiana University Press, 2008, 74-80.
2 인간의 날개는 신의 완벽한 날개와 달리 불완전해서 종종 손상된다.

태어났다.

인간으로 태어나기[3] 전에 우리는 천상의 세계에서 영혼으로 살았다. 거기에는 열한 명의 천사가 천상을 돈다. 천상은 '참된 존재'의 영역이다. 우리 인간은 거기서 무리를 이루어 각각의 천사를 따라 다닌다. 그리고 어떤 신을 따라다니느냐에 '참된 존재'를 보는 정도, 그리고 지상 세계의 삶의 기본적인 성격 유형과 아름다움에 대한 안목이 결정된다. 예컨대, 지상의 철학자들은 제우스를, 전사(戰士)들은 아레스(Ares)를 따라다녔다. 그렇게 지상의 삶은 천상의 삶에 따라 아홉 개의 범주로 나뉘어 산다. 예컨대 철학자는 첫 번째, 소피스트는 여덟 번째, 폭군은 아홉 번째 부류에 속한다. 첫 번째 부류는 '참된 존재'를 가장 많이 본 자로서, 거기에는 철학자 말고도, "아름다움을 사랑하는 자, 혹은 뮤즈(Muse)들 중의 한 명이거나 사랑을 사랑하는 자"가 속한다. 뮤즈를 사랑하는 자, 곧 예술에 헌신하는 모든 자들이 철학자처럼 가장 높은 부류에 속한다는 것은 곱씹어볼 만한 이야기다.[4]

우리는 천상의 세계를 회상해내는 것이 쉽지 않다. 아름다움은 예외적이다. 우리는 아름다움에 대해 특별히 생생한 기억을 지니고 있을 뿐 아니라, 모든 감관들 중에서 시각이 가장 예민하기 때문에, 지상에서 아름다움을 보면 '참된 아름다움'[5]을 즉각 떠올린다.[6] 그리고서 우

---

3   오직 "진리를 본" 영혼만 인간으로 태어난다.
4   "시인들과 여타 모방 예술가들"은 여섯 번째에 속한다.
5   여기서 '참된 아름다움'이란 천상에 있는 것 곧 '존재'를 가리킨다. 아름다움은 존재의 가장 가시적 측면이다.
6   소크라테스에 따르면, 아름다움은 가장 빛나는, 존재의 가장 가시(可視)적 측면이다.

리의 (영혼의) 날개가 자라난다. 지상의 아름다움을 보지 않고서는 천상의 아름다움, 곧 아름다움 그 자체를 떠올리지 않는다는 것이다. 아름다움은 '참된 존재'이자 바로 그 '참된 존재'를 떠올리게 하는 무엇인 셈이다. 그런데 우리가 아름다움을 보고 경험하고 이해하는 것은 비(非)언어적 차원에서다. 개념적인 것이 아니라는 뜻이다. 천상의 세계에서는 주어진 존재를 언어를 포함해 어떤 매개도 없이 직각(直覺)하고 직관(直觀)한다.

아름다움에 대한 소크라테스의 그러한 해명은 아름다움을 둘러싼 몇 가지 흥미로운 이슈와 맞물린다. 그 해명에 따르면 우선, 아름다움의 원형은 다양하지만 제한적이다. '아름다움은 보는 사람의 눈에 있다.'는 식의 상대주의, 그리고 아름다움은 단 하나밖에 없다는 절대주의와 달리, 우리가 감각하고 인식하는 아름다움은 천상에서 어떤 신을 따라다녔느냐에 따라 다른데, 신의 수는 한정되어 있기 때문이다. 아름다움은 '참된 존재'가 원천인 만큼 절대적이라고 할 수 있다. 그런데 바로 그 절대적인 것이 여럿인 까닭에 상대적이라고 말할 수도 있다. 아름다움은 절대적이면서도 상대적이다. 고쳐 말해, 아름다움은 제한적 범위 안에서 상대적이다.

둘째, 아름다움의 원천은 우리가 아니라 우리의 영혼이 따라다닌 신에게 있다. 아름다움의 척도는 인간이 아니라 신이라는 것이다. 제우스를 따라다닌 영혼은 "품격 있는" 대상, 그러니까 제우스의 영혼을 지닌 철학자와 지도자의 특성을 지닌 사람을 아름답게 본다. 아레스를 따라다닌 영혼은 격렬한 대상에서 아름다움을 본다.

셋째, 에로틱의 경험과 불가분한 지상의 아름다움은 불완전한 까닭에 우리를 다른 대상으로 옮기도록 부추긴다. 우리가 아름다움을 경험하는 패러다임은 인간의 몸으로서 성적 경험과 직결된다. 에로스의 일차적 대상은 아름다운 소년의 몸이다. 아름다운 몸에 이끌린 우리의 영혼은 더 온전한 추상적 아름다움을 위해 상승하거나 더 강한 구체적 쾌락을 위해 하강한다. 전자가 천상의 사랑인 '우라니아 아프로디테(*Aphrodite Urania*)'를 향한다면, 후자는 지상의 사랑인 '판데모스 아프로디테(*Aphrodite Pandemos*)'를 향한다. 아름다움은 선하기도 하고 악하기도 하다.

마지막으로, 우리의 원초적 아름다움은 존재의 직접적이고 즉각적인, 곧 언어(로고스) 이전에 발생한 경험이다. 따라서 아름다움에 대한 모든 매개적 경험은 온전하지 않다.

아름다움에 대한 소크라테스의 견해는 현대의 정신분석 논리와 매우 흡사하다. 라캉에 따르면, 우리가 욕망하는 사랑의 원형은, 우리가 언어적 존재가 되기 전에 에로스의 대상으로 삼았던 엄마다. (바로 앞의 소크라테스의 맥락에 빗대어 이해하면, 라캉의 엄마는 우리가 태어나기 전에 보았던 '참된 존재'에, 그리고 우리 각자의 엄마는 곧 우리가 따라다닌 신에 해당하는 셈이다.) 그런 까닭에 언어는, 엄마에게서 경험한 최초의 온전한 행복감으로부터 우리를 소외시킨다. 우리가 가졌던 원형적 경험 곧 비언어적 실재는 우리가 언어적 주체가 되면서 빠져나간다는 것이다. 게다가 언어는 추상체계여서 우리가 그것을 더 붙잡을 수도 경험할 수도 없게 만든다. 따라서 언어적 존재, 그리고 그로써 사회적 존재로 출현하는 주체는 필연적으로 소외된 주체일 수밖에 없는데, 라캉은 그러한 주체를 '분열된 주체'라고 부른다. 라캉의 주체성은 언어가 초래한 최초의 분열을 치유하고자 하는 충동 곧 욕망의 다른 이름이다. 아름다움을 겨냥하는 에로스를 추동하는 것은, 그렇게 분열됨으로써 발생한 언어 사이의 공백이다.

그렇다면, 우리는 진실로 아름다움을 영원히 붙잡을 수 없는가? 주체의 분열을 넘어설 수 없는가? 인간은 언어적 존재인 까닭에 아름다움과 같은 비언어적 실재(경험)에 다가갈 수 없는가? 하일랜드는 이 질문에 대한 소크라테스의 답변을 플라톤의 『공화국』에 나오는 유명한 '선(善)-태양' 유추를 통해 다음과 같이 풀이한다.[7] 태양이라는 선물은, 태양 그 자체가 아니라 그 빛으로써 만물을 볼 수 있도록 하는 것이다. 아름다움에 대해 우리가 말하고 쓸 수 있는 것은, 아름다움(의 비언어적 경험)이 그리하도록 비추어주기 때문이다. 따라서 우리가 더 온전한 아름다움에 다가가기 위해 해야 할 것은, 언어와 인식으로써 주어진 아름다움을 넘어서는 것인데, 소크라테스에 따르면 그것은 철학에 의해 가능하다.

철학이란 무엇인가? 소크라테스는 한마디로 이렇게 언명한다. "철학은 하나의 삶의 방식이다." "검토하지 않은 삶은 살 가치가 없다."고 한 소크라테스의 말에 따라 다르게 말하면, 철학은 어떤 삶이 살만한 가치가 있는 삶인지 검토하는 작업이다. 최고의 철학적 통찰은 소크라테스에 따르면, "다른 주제들과 달리 말로 표현할 수 없"고 오직 삶을 통한 깨달음의 방식으로 온다. 그리고 깨달음은 오랜 기간 어떤 문제

---

7   Hyland, D. A., 앞 책, 88.

를 숙고하며 "더불어 살아가는" 가운데 온다. 따라서 소크라테스는 철학을, '더불어 살아감'으로써 다른 종류에 대한 모종의 '돌연한' 경험에 이르는 것으로 규정한다.[8] 따라서 우리는 이렇게 말할 수 있겠다. 아름다움은, 우리가 아름다움의 문제를 끌어안고 그것을 숙고하며 살아가는 가운데 찾아오는 돌연한 깨달음을 통해 이를 수 있다.

그런데 몸의 존재인 우리는 순수 영혼과 달리 모든 측면에서 한계를 지닌 까닭에 어떤 통찰로써도 아름다움 자체 곧 아름다움의 종착지에 이를 수 없다. 아름다움은 우리가 결코 붙잡을 수 없다. 우리가 할 수 있는 것은 오직 아름다움 '가까이' 다가가는 것뿐인데, 철학적 통찰의 진정한 핵심 또한 아름다움 그 자체를 붙잡는 것이 아니라 "특정한 삶의 방식, 곧 덕(선) 가운데 사는 것"[9]이다. 오늘날 일반적으로 '아름다움'이라는 용어로 번역하는 "kalos"라는 그리스어는, '고결함(nobility)'의 의미를 내포한다. 그러므로 아름다움을 삶의 한가운데 두고 그것을 생각하고 추구하며 살아가는 철학적 삶은, 설령 깨달음이 없더라도, 그래서 통찰을 얻지 못하더라도, 그 자체가 이미 아름답다. 혹은 고결하다. 다음은 소크라테스의 말이다.

> 아름다움은 심지어 아름다움을 추구하는 데, 그리고 또한 그 길을 따라가며 겪는 고통이 어떤 것이든 그것을 겪는 데 있다.[10]

아름다움은 고통과 뗄 수 없이 묶여 있다는 것이다. 아름다움을 추

---

8 앞 책. 106.
9 앞 책. 113.
10 앞 책. 117.

구하는 것은 고통스러운 일이다. 아름다운 삶은 고통을 동반한다. 철학적 삶의 고통은 무엇보다도 아포리아, 그러니까 우리가 무엇을 알아야 할지 모른다는 것을 인식하는 데서 온다. 그런데 바로 그러한 고통은 아름다움을, 아름다운 삶을 경험하는 데 빼놓을 수 없다.

　소크라테스는 아름다움을 해명하기 위해 영혼을 토대로 삼고 있지만, 정작 영혼 그 자체에 대해 말하는 것은 신의 몫으로 돌린 채 언급을 피한다. 영혼이란 무엇인가? '영혼'은 19세기 초반까지 '영혼의 과학'이었던 심리학이 '마음의 과학'으로 나아가면서 '마음'으로 바뀌었다. 그 이후 '영혼'이라는 용어는 융(Carl Jung)과 융 학파 이론가들과 신경과학자 일부를 제외하고 거의 쓰지 않는다. 영혼이 불멸의 존재인지 아닌지, 영혼과 몸은 구분되어 있는지 통합되어 있는지, 심지어 영혼이 있는지 없는지 등의 문제는 여기서 논외로 하고, 영혼을 이 글의 맥락에서 합리적으로 논의할 수 있는 정도에서 규정해 보자.

　아리스토텔레스는 영혼을 움직임과 휴식을 포함해 존재하고 있는 모든 것의 생명(과 삶)의 활동의 본질[11]로서, 숙고의 삶을 통해 신적인 삶을 살 수 있도록 열망하게 하는 것으로 제시한다. 그가 보기에 인간의 삶의 궁극적 목적(telos)은 신과 흡사해지는 것이다. 아리스토텔레스에 따르면 내가 '나'인 것은, 그리고 나를 한 개인으로 규정하는 것은, 영혼이 추동하는 나의 행동과 선택에 의해서다. 독일 심리학자 기게리히(Wolfgang Giegerich)는 그와 유사하게, 영혼을 "자아를 개발하

11　Lorenz, H., "Ancient Theories of Soul", ed. by E. N. Zalta, *Stanford Encyclopedia of Philosophy*, Summer 2009, October 23, 2003. http://plato.stanford.edu/entries/ancient-soul/

고 유지하는 총체적 성격"[12]으로 개념화한다. 따라서 영혼을 오늘날 대부분의 심리학자들이 규정하는, 그리고 뇌를 연구하는 신경과학자들이 지지하는, 우리 자신의 "의식과 무의식의 공작물"[13], 곧 우리의 전 삶에 방향과 형식을 부여하는 정신 혹은 내면의 목소리로 간주할 수 있겠다. 소크라테스가 제시한 철학 곧 '삶의 방식'을 형성해가는 근원이라고도 말할 수 있겠다.

영혼을 그렇게 규정하면, 영혼의 색이나 형식은 주어져 있다기보다, 우리가 우리의 삶을 구성해 나가는 전인적 삶의 태도에 의해 결정된다고 할 수 있다. 아름다움과 우리의 성격 또한, 소크라테스의 의견처럼 태어날 때부터 우리에게 주어져 있어서 우리가 거기에 따라 행동한다기보다, 우리 자신의 삶의 철학 혹은 내적 요구에 따라 우리가 조형해 나가는 취향과 행동에 의해 형성된다고 할 수 있다. 따라서 아름다움은 결국 우리 영혼의 문제로서, 우리가 자신의 영혼을 어떻게 또는 얼마나 아름답게 발전시켜 나가느냐의 문제로 수렴된다.

계몽주의 시대의 독일의 시인, 극작가, 철학자 실러(Friedrich Schiller)가 정확히 그렇게 생각했다. 그에 따르면, 인간은 모두 자신의 내면에 하나의 "이상적인 인간 곧 인간의 원형"을 잠재적으로 지니고 있으며, 그 원형을 온전히 실현해나가는 것은 모든 인간이 떠맡아야 할 삶

---

12   Anderson, D., *Giegerich's psychology of soul: Psychotherapeutic implications*, ProQuest Dissertations and Theses, 2014.
13   Cleversley, J. M., "Exploring the Concept of the Human Soul from Religious, Psychological, and Neuro-Scientific Perspecfive", Department of Psychology, Medaille College, 2015. https://www.medaille.edu/sites/default/files/files/Academics/CLEVERSLEY-capstone.pdf

의 과제다. 따라서 교육이란 "각자, 그리고 모든 사람이 자기 자신의 재능과 상황의 한계 안에서 '전인(全人)'의 가능성"[14]을 꽃피울 수 있도록 돕는 것으로서, 거기에는 미학(감각의 과학)이 핵심이다. 아름다움을 방편으로 삼는 미학 교육은 인간에게 "예술들이 파괴한 우리의 총체적 본성을 더 고상한 예술(a higher Art)로써 회복"[15]할 수 있는 기회를 부여하기 때문이다. 아름다움은 우리가 한 사람의 온전한 인간으로 발전하도록 해주는 유일한 과정이다. 아름다움과 인간성(humanity)은 서로의 실존의 조건이다.

> 인간 없이는 아름다움이 없고, 아름다움 없이는 인간이 없다.[16]

실러는 그러한 생각을 긴 시간에 걸쳐 스물일곱 통의 편지들을 통해 서한문으로 밝히고 있다. 실러가 보기에, 프랑스 혁명의 끔찍한 실패를 경험한 자신의 시대는 전문화(파편화)의 악, 감성과 사고, 감정과 도덕, 몸과 정신 등의 분리, 과학과 예술, 그리고 개인과 공동체 간의 분열, 여러 형태의 비인간화 등 갖가지 문화적, 정치적, 미학적 문제에 포위되어 있다. 그로써 시민들은 "소심한 가족과 친족에 대한 개인적 생각들에 소심하게 애착함으로써 세계-역사의 역할을 회피한다."[17] 실러의 미학 교육에 관한 편지들은 그러한 현대인이 겪는 각종 질병들에

14　Bentley, S. M., *Friedrich Schiller' s play: a theory of human nature in the context of the eighteenth-century study of life*, Ph.D Dissertation, University of Louisville, 2009, Electronic Theses and Dissertations, 40.

15　앞 책, 270.

16　앞 책, 255.

17　Wertz, W. F. Jr., "A Reader' s Guide to Letters on the Aesthetical", Fidelio, *Journal of Poetry, Science, and Statecraft*, Vol. 14, Spring-Summer 2005, 80-104.

대한 진단과 처방인데, 그에 대한 해결책은 "아름다운 영혼"의 창조로 귀결된다. 실러에게 미학 교육은, 소크라테스에게 철학이 그렇듯 삶의 한 방식이자 전인(全人)을 위한 여정이다. 따라서 철학의 주제는 아름다움에 대한 이해로부터 출발해야 한다. "진실로 철학적인 정신은 미학적 정신"이다.[18]

미학 교육은 '아름다운 영혼'을 어떻게 창조하는가? '아름다운 영혼' 곧 인간의 내적 힘들이 "균형 잡힌 긴장과 균제로 고결하게 통일된 영혼"[19]은 단적으로, 아름다움을 통해 창조된다. 인간은 감성과 이성이라는 두 대립된 본성을 지니고 있는데, 아름다움은 대립적인 것들과 충돌하는 것들이 조화롭게 균형을 이루고 있는 상태로서, 물질과 형식, 감정과 사고, 주관성과 객관성을 통합하기 때문이다. 그런데 칸트는 아름다움을 주관의 문제로 돌릴 뿐 아니라, "인간의 감각적 실존이라는 본질적 선(善)"을 부정한다. 그리고 "정언명령"으로써 "인간의 감각적 욕망을 도덕법칙에 종속"시킨다.[20] 버크(Edmund Burke)는 칸트에 반(反)해 다음과 같이 썼다.

> 아름다움은 우리의 이성의 창조물이 아닌 까닭에, 용도에 대한 어떠한 참조도 없이, 그리고 심지어 어떤 용도도 식별할 수 없는 곳에서 우리를 덮치는 까닭에, 자연의 질서와 방법은 일반적으로 우리의 측정과 비례와 아주 다른 까닭에, 우리는 이렇게 결론지어야 한다. 아름다움은 대개 감각의 개입에 의해 인간 마음에 기계적으로 작용하는 신체의 모

---

18   앞 책.
19   Bentley, S. M., 앞 책, 244.
20   Wertz, W. F. Jr., 앞 책.

종의 특질이다.[21]

따라서 이성으로 감성을 지배하고 도덕으로 욕망에 맞서야 한다고
주장하는 칸트식의 계몽이론은, 대항 계몽이론으로 교정하고 종합함
으로써 구해내야 한다. 그리하기 위해서는 우선, 감성을 이성의 파트
너로서 회복하고, 그리고서 그것을 이성과 통합시켜야 한다. 아름다움
의 경험은 그것을 촉진한다.

> 감각적 인간은 아름다움에 의해 형식과 사고(思考)로 인도된다. 영적
> 인간은 아름다움에 의해 물질로 돌아가 감각의 세계로 회복된다.[22]

실러, 그리고 전통적인 철학적 견해에 따르면 인간은 두 대립된 충
동, 곧 감성적 본성에 나오는 감각충동과 이성적 본성에서 나오는 형
식충동에 의해 지배되는 존재다. 실러는 이렇게 쓰고 있다.

> 인간의 감각적-이성적 본성의 두 근본 법칙. 첫째, 절대적 현실을 고집
> 한다. 단순히 형식인 모든 것을 세계로 바꾸고자 하고, 자신의 모든 잠
> 재성을 온전히 현시하고자 한다. 둘째, 절대적 형식성을 고집한다. 단
> 순히 세계인 그 자신의 모든 것을 파괴하고, 자신의 모든 변화에 조화
> 를 도입한다. 다른 말로, 그는 자신의 내부에 있는 모든 것을 외부화해

---

21 Schiller, F., *The Aesthetic Education of Man in a Series of Letters*, trans. and
ed. by Wilkinson, Elizabeth M. & L. A. Willoughby, Clarendon Press, 1982;
Bentley, S. M., 앞 책 재인용, 246.

22 Schiller, F., *Über die ästhetische Erziehung des Menschen in einer Reihe von Brief-
en*, 2009, Online: http://gutenberg.spiegel.de/?id=5&xid=2397&kapitel=1#gb_
found, Bentley, S. M., 앞 책 재인용, 305.

서, 자신의 외부에 있는 모든 것에 형식을 부여한다.[23]

　감각충동의 대상은 가장 넓은 의미의 "삶" 혹은 "실재(reality)"다. 그리고 형식충동의 대상은 형태(Gestalt)다. 실러에 따르면, 문화란 바로 그 두 충동이 서로 침해하거나 억제하지 않도록 감시하고 제한하는 것으로서, 감정과 이성을 골고루 함양시켜 전인적 인간을 형성해 나가도록 돕는 것이다. 감각이라는 내용이 빠진 형식은 추상적이어서 생명이 없고, 형식이 없는 감각은 단순한 인상에 불과해 유지될 수 없기 때문이다. 삶은 형식을 가져야 하고, 형식은 삶과 맞물려야 한다.

　아름다움의 경험은 바로 그것의 정수(精髓)다. 아름다움은 유희충동을 통해 두 대립된 충동의 동적 균형을 이룬다. 이념이 아니라 현실에서는 두 충동 중 하나가 필연적으로 우세할 수밖에 없다. 따라서 두 대립적 충동의 균형을 도모하는 자유로운, 따라서 가상의 놀이가 요청되는데, 실러에 따르면 아름다움이 그리한다. 아름다움은 유희충동을 불러일으킴으로써 거기에 부응한다. 유희충동은 두 대립적 충동을 통합하는 동기와 에너지인 셈이다. 아름다움이 추동하는 유희충동은 아름다움을 구성하는 힘이기도 하다. 아름다움과 유희충동은 그렇게 상호 조직한다. 그러므로 아름다움이란 영혼이 자유롭게 유희할 수 있도록 해 주는 '살아있는 형태'라고 할 수 있다.[24]

---

23   Bentley, S. M., 앞 책 재인용, 43.

24   Schiller, von F., *Über die Asthetische Erziehung des Menschen*, 『프리드리히 실러의 미적 교육론』, 윤선구, 이경희, 조경식, 하선규, 한진이 옮김, 대화문화아카데미 대화출판사, 2015, 131-32.

그런데 감정과 이성 간의 완전한 조화는 오직 '완성된 인간' 곧 '인간성의 이념'에서만 가능하다. 따라서 우리는 그것에 결코 도달할 수 없다. 그럼에도 우리에게 '이상적인 아름다움' 곧 '아름다움의 이념'이 필요한 것은, 그로써 우리가 유희하는 존재 곧 자유로운 영혼이 될 수 있기 때문이다. 유희하는 존재인 인간은 '감각적 이상' 곧 아름다움과 끊임없는 동적 관계에 머묾으로써 "이데아로서의 인간의 지위로 고결하게 된다."[25] 그러므로 실러는 열다섯 번째 편지에서 이렇게 단언한다.

> 아름다움으로써 인간은 오직 놀이할 것이며, 인간이 놀이하는 것은 오직 아름다움을 가지고서다.[26]

이렇게 해서 실러의 "아름다운 영혼"은 아름다움 속에 머묾으로써 완성된다. 그는 아홉 번째 편지에서 이렇게 쓰고 있다.

> 방향은 그와 동시에 목적지이며, 그 길은 그것을 걷는 순간 완성된다.[27]

아름다움을 영혼이 회상해내는 '참된 존재'로, 혹은 '참된 존재'를 떠올리게 하는 사태로 해명하는 소크라테스 또한 실러와 같은 생각이다. 소크라테스는 이렇게 말했다. "아름다움은 심지어 아름다움을 추구하는 데, 그리고 또한 그 길을 따라가며 겪는 고통이 어떤 것이든 그것을 겪는 데 있다."

25　Bentley, S. M., 앞 책 재인용, 56.
26　Bentley, S. M., 앞 책 재인용.
27　Bentley, S. M., 앞 책 재인용, 56.

실러에게 아름다움은 소크라테스가 그렇듯, 아름다움에서 멈추지 않는다. 아름다움은 소크라테스에게 궁극적으로 선으로 나아가게 하는 것이듯, 실러에게 아름다움은 도덕적인 것으로 나아가게 하는 계기다. 실러가 보기에 아름다움 안에는 자유에 이르는 길이 열리기 때문이다. 아름다움 곧 '살아있는 형태'는 유희충동의 대상이다. 유희는 어떤 강제로부터도 벗어난 한가로움 안에서만 발생할 수 있다. 따라서 실러의 아름다움은 현실이 아닌 '가상'이라는 점이 분명히 드러난다. 인간은 '미적 가상' 안에서 욕구의 강제뿐 아니라 이성의 강제로부터도 완전히 자유롭고 온전히 자율적일 수 있기 때문이다. 그리하여, 실러에 따르면, 아름다움에서 도덕적 상태로 이행하는 것은 매우 쉬운 일이다. 마음만 먹으면 언제든지 가능한 일이다.

> 미적인 상태로부터 논리적 상태와 도덕적인 상태로 나아가는 일은 물리적인 상태로부터 미적인 상태로 나아가는 일보다 훨씬 더 쉽습니다. 인간이 이렇게 나아가는 일은 순전히 자신의 자유를 통해서만 실현할 수 있습니다. 그는 단지 붙잡기만 하면 되고 (…) 미적으로 조율된 인간은 자신이 원하기만 하면, 즉시 보편타당하게 판단하고 보편타당하게 행동할 것입니다.[28]

그런데 미적 상태에서 도덕적 상태로 쉽게 넘어갈 수 있다는 실러의 주장은 납득하기 어렵다. 자유로움 덕분에 미적 가상으로부터 현실 영역(도덕)으로 쉽게 이행할 수 있다는 주장은 받아들이기 어려운데, 실

---

28 Schiller, von F., *Über die Ästhetische Erziehung des Menschen*, 『프리드리히 실러의 미적 교육론』, 윤선구, 이경희, 조경식, 하선규, 한진이 옮김, 대화문화아카데미 대화출판사, 2015, 195.

러는 그 주장을 떠받치는 논지를 정밀하게 펼치지 않는다. 그가 내어
놓는 유일한 논거는 유희다. 실러에 따르면 가상에는 논리적 가상과
미적 가상 두 가지가 있다. 논리적 가상이 실제로는 진리가 아닌데도
진리인 양 간주하는 것이라면, 미적 가상은 그것이 가상이라는 것을
명확히 알고 있을 뿐 아니라, 정확히 그것이 진리가 아니라 가상이기
때문에 유희한다. 실러에게 아름다움과 모든 예술의 본질은 미적 가상
이다.[29]

　인간은 유희하는 존재다. 인간뿐 아니라 동물도 잉여 에너지가 생기
면 여러 형태의 유희를 즐긴다. 그런데 노동(생존을 위한 활동)과 휴식
의 중간 상태에 속하는 그러한 '물리적 유희'는 '미적 유희'와 다르다.
윤선구에 따르면, 실러는 그 차이를 욕구의 한계로 제시한다. "물리적
인 유희에서는 단지 특정 욕구로부터만 자유로운 상태가 되지만 미적
유희 상태에서는 욕구 일반으로부터 자유로워진다는 것이다."[30]

　우리는 유희하는 동안 무엇이든 될 수 있고 무엇이든 할 수 있다. 유
희란 가상의 공간을 지어 가상의 삶을 수행하는 것이기 때문이다. 그
렇다면, 미적 가상에서 벌어지는 유희는 도대체 어떤 점에서 현실의
삶에 영향을 미칠 수 있는가? 현실의 삶을 도덕적으로 만들거나 더 낫
게 할 수 있는가? 윤선구는 이렇게 쓰고 있다.

　예술을 통한 교육은 바로 유희를 가능하게 하는 인간을 형성하는 길이

29　윤선구, "플라톤과 비교를 통해 본 프리드리히 실러의 정치철학과 미적 교육론",
앞 책, 505.

30　앞 책, 507.

다. 또한 유희를 함으로써 우리는 이성을 통해 생각한 것을 실제로 실천하는 연습을 할 수 있고, 이러한 연습을 통해 실제 상황에서도 이성이 판단한 것을 실천하는 인간이 될 수 있다.[31]

우리가 '왕과 거지' 놀이에서 이성으로 판단한 것이 과연 우리를 어떤 실천적 인간으로 변화시킬 수 있을까? 윤선구는 그에 대한 답변의 실마리로 실러의 다음의 진술의 해석을 제시한다. 실러는 스물두 번째 편지에서 이렇게 쓰고 있다.

> 그러므로 마이스터가 지닌 본래적인 예술의 비밀은 그가 형식을 통해서 소재를 없애는 것에 있습니다.[32]

윤선구에 따르면[33] 실러에게 중요한 것은 질료가 아니라 형식이다. 왜냐하면 "실러는 내용은 인간의 개별적인 힘들에만 영향을 미치지만, 형식은 인간 전체에 영향을 미치기 때문이라고 말"하고 있기 때문이다. 그럼에도 불구하고 형식이 소재를 없앤다는 실러의 진술은 "과장"이다. "예술은 소재와 형식의 결합이지 소재가 없는 형식이 있을 수 없기 때문이다." 따라서 윤선구는 실러의 진술을 이렇게 해석한다. "소재를 무화한다는 말은 소재를 아주 없앤다는 말이 아니라 소재가 가지고 있는 진지함을 무력화시킨다는 말 (…) 예술의 본질이 가상인 이유는 그것이 형식을 통해 질료를 가상화한 것이기 때문이다. 우리가 예술을

---

31   앞 책, 512.

32   Schiller, von F. (2015), 앞 책, 187.

33   이 문단에 인용된 윤선구의 글은 모두 『프리드리히 실러의 미적 교육론』에 게재된 "플라톤과 비교를 통해 본 프리드리히 실러의 정치철학과 미적 교육론"에서 가져왔다.

통해 유희하는 것은 형식과 더불어 유희를 하는 것이 아니라 형식을 통해 가상화된 질료를 유희한다고 할 수 있다." 윤선구의 이 해석은 유희 방식에 대해서만 관련될 뿐, 그것이 미치거나 미칠 수 있는 현실적 효과와 아무 관련성이 없다.

'욕조에서 낚시하기' 놀이는 과연 우리를 어떤 실천적 인간으로 변화시킬 있는가? 아름다움과 예술의 본질을 미적 가상에 두는 실러는 그 질문에 대해 어떤 대답도 내어놓기 어려운 처지다. 실러에게 아름다움과 예술의 경험은 오직 상상력에 속하는 영역이기 때문이다. 그러한 경험은, 이론적으로든 도덕적으로든 현실 바깥 곧 비현실적으로 발생해야 하는 사태이기 때문이다. 실러에 따르면, 진정한 시인은 어떠한 일이 있더라도 자신이 생각한 "이상(Ideal)을 통해 경험의 영역에" 들어가고자 해서도 안 되고, "경험을 이상의 영역 속에" 끌고 들어가려 해서도 안 된다.[34] 실러의 아름다움과 예술은 어떤 현실성도 갖지 못한다.

같은 방식으로 실러의 "아름다운 영혼" 또한 공허한데, 헤겔은 그 점을 '상호인정' 혹은 '절대정신'의 관점에서 비판한다.[35] 헤겔에 따르면 독일 낭만주의가 잉태한 '아름다운 영혼'은 실제의 삶으로부터 자기 자신으로 퇴각해, "행함에 실패하면서 극도의 추상들 사이에서 크게

---

34 하선규, "살아있는 '형태'와 예술적 '가상'의 구제: 실러 미학 사상의 사상사적 의미와 그 현대적 의의를 위하여", Schiller, von F., *Über die Ästhetische Erziehung des Menschen*, 『프리드리히 실러의 미적 교육론』, 윤선구, 이경희, 조경식, 하선규, 한진이 옮김, 앞 책, 350.

35 '아름다운 영혼'에 대한 헤겔의 비판은 피히테(Johann Gottlieb Fichte)를 겨냥한 것으로 짐작되지만, 실러에게 적용해도 별 무리 없다.

요동한다."³⁶ "훌륭한 내적 존재가 행동과 실존에 의해 더럽혀질 것에 대한 두려움 속에" 사는 '아름다운 영혼'은, "가슴의 순수성을 보존하기 위해 진짜 세계와 접촉하는 것에서 도피"하면서, "궁극적 추상의 극단으로 환원된 자아를 단념할 수 없는 무능을 고집"하기 때문이다. '아름다운 영혼'은 그런 까닭에 다른 사람들로부터, 그리고 보편성 혹은 의무로부터 고립되고 대립된다.

양심(도덕)의 주체는 근본적으로 이율배반적이다. 칸트가 규정한 온전한 무관심(욕망 없음)이라는 '선한 의지(good will)'는 허구이기 때문이다. 보편타당한 도덕의 이념 곧 '의무를 위한 의무'는 현실성이 전혀 없다. 양심의 반쪽인 '아름다운 영혼'은 적어도 행동하지 않는 '도덕'을 택함으로써 다른 사람의 불가피한 약점을 판단하는 자리에 선다. 양심의 다른 반쪽인 '행동하는 양심'은, 자신이 어떤 식으로든 옳다고 생각하는 것은 무엇이든 열정적으로 행동한다. 옳은 행동을 뒷받침하는 개인의 판단은 필연적으로 특정한 상황과 맞물리는 까닭에 결코 보편타당할 수 없다. 그런 까닭에 그의 행동은 도덕적으로는 "악"으로, 윤리적으로는 "위선"으로 간주된다. 헤겔이 보기에, '아름다운 영혼'의 딜레마는 바로 그러한 사실을 알면서도 내적 자아에 특권을 부여하는 것을 멈추지 않는 데 있다. 이 곤경을 빠져나오는 길은 각자 상대방을 인정하는 '상호 인정' 혹은 절대정신이다. 그것은 이쪽과 저쪽 모두 주관적인, 단순히 자아중심적인 형태의 판단과 행동을 단념해야 가능한 일이다.

---

36 이 문단에 인용된 헤겔의 글은 모두 다음에서 가져왔다. Rockmore, T., *An Introduction to Hegel's Phenomenology of Spirit*, University of California Press, 1997, 152-54.

　　소크라테스의 아름다움이 '참된 존재'의 회상인 한, 그것은 실러의 미적 가상과 그리 다르지 않다. 논거가 미약하고 불분명하지만, 아름다움이 선(善)의 계기인 것도 그렇다. 그뿐 아니라 아름다움은 삶의 방식이자 영혼의 양식으로서, 그것을 추구하는 삶의 과정 그 자체가 완성이라는 점도 같다. 아름다움은 곧 '아름다움 속의 머묾'인데, 소크라테스와 실러를 통합한 관점에서 이렇게 말할 수 있겠다. 아름다움은 영혼의 자유다. 혹은 영혼을 자유롭게 하는 것은 아름답다. "진리가 너희를 자유롭게 하리라." 예수의 말인데, 아름다움이, 혹은 진리가 부여하는 '자유'를 실천할 현실적 과제는 우리가 떠맡아야 할 무거운 몫이다. 실러의 아름다움을, 혹은 예수의 진리를 끌어안기로 작정한다면 말이다.

아름다움, 생명의 감응

아름다움을 우리가 붙잡을 수 없는 것은, 아름다움은 근본적으로 볼 수도 만질 수도 없고 오직 느낄 수밖에 없는 생명과 맞물려 있기 때문이다. 필자는 여기서 20세기 후반 프랑스의 철학자, 현상학자, 소설가 앙리(Michel Henry)의 '생명(vie)[1]의 현상학'에 따라, 생명을 힘과 파토스(pathos)로 현시(顯示)되는 자기감응(self-affection)으로 파악한다. 그리고 앙리와 니체의 철학에 근거해, 아름다움을 이렇게 정식화한다. 아름다움은 생명의 감응이다!

니체에 따르면, 아름다움(과 추함)은 근본적으로 인간의 문제다. 그런데도 사람들은 그것을 세계에서 찾는다. 니체는 다음과 같이 썼다.

---

[1] 앙리는 "생명(vie)"이라는 말을 생물학적 의미가 아니라 오직 현상학적 의미로 쓴다.

사람들은, 세계 그 자체가 아름다움으로 쌓여있다고 믿는다. 우리는 우리가 아름다움의 원인이라는 것을 망각한다. 오직 우리만 아름다움을, 아, 오직 너무 인간적인, 너무나 인간적인 아름다움을 세계에 부여하는데도 말이다.[2]

생명을 아름다움의 원천으로 삼는다는 것은, 우리의 주목을 세계 곧 우리 바깥이 아니라 우리의 안으로 돌린다는 것을 뜻한다. 그뿐 아니라 언어에 토대를 둔 라캉의 주체성(욕망) 개념으로는 아름다움의 근본에 닿지 못한다는 것을 가리킨다. 생명의 일차적 '자기-드러냄'인 파토스는, "언어의 이면(裏面), 언어의 직물, 언어의 구조, 언어의 살, 언어의 가능성의 조건"[3]이기 때문이다.

모든 것이 나타나는 장소인 세계는 모든 '나타남(manifestation)의 가능성'의 조건이다. 무엇이 나타나는 것은 그것이 세계의 '빛' 안에 있기 때문이다. 서구문화는 그 빛을 '로고스(logos)'라 부른다. 로고스는 언어의 궁극적 가능성으로서, 나타남(현상)의 본질이다.[4] 20세기에 꽃피운 현상학은, 'phaphos(빛)'를 어근으로 삼는 동사 'phainesthai (빛 속으로 들어옴으로써 자신을 보이다)'에서 온 명사 '현상(phaino-menon)'이 로고스와 결합된 것으로서, 나타남의 조건을 탐구하는 것이다. 현상학에 따르면, 의식은 항상 '무엇에 대한' 의식(후설)이며,

---

2   Nietzsche, F., *Twilight of the Idols or How to Philosophize with the Hammer*, trans. by R. Polt, Hackett Publishing Company, Inc., 1997, 61.

3   Carla Canullo, "Michel Henry between Krisis and Critique: Philosophy in the Age of Barbarism", in *Analecta Hermeneutica*, Vol. 8, 2016, 98.

4   Henri, M., *Incarnation: A Philosophy of Flesh*, trans. by K. Hefty, Northwestern University Press, 2015, 42.

존재는 '세계내' 존재(하이데거)이며, 지각은 '세계'와 얽힌 살(메를로
퐁티)이다. 그런데 지금까지의 현상학은 세계의 개념에 기초해 '밖의
나타남'에 몰두함으로써 그것을 가능하게 하는 '안의 나타남'을 간과
했다. 그런데 세계는 어떻게 나타나는가? 혹은 어디서 나타나는가?
그것은 스스로 나타나는가? 세계 곧 모든 '밖의 나타남'이 스스로 나
타나는 것이 아닌 한, 그것의 원인자는 다른 곳에 따로 존재할 수밖에
없다.

　세계를 파악하는 지각의 토대와 기원은 우리의 몸이다. 몸이 우선이
다. 몸(자기 자신)의 느낌 없이는 아무 것도 지각할 수 없기 때문이다.
몸 느낌은 생명의 자기감응으로서, 무엇을 느끼고 의식하는 주관은 거
기서 비롯한다. 주관은 그로써 개시된다. 세계가 열리는 것은 주관에
의해서다. 따라서 주관도 세계도 몸의 절대적 수동성 안에 놓인다. 스
스로 나타나는 것은 생명밖에 없다. 그런 까닭에, 생명의 자기현시 곧
'안의 나타남'은 세계 곧 모든 '밖의 나타남'의 가능성이자 전제조건
이라 할 수 있다.

　생명의 자기감응은 직접적이다. 비(非)대상적이고 전(前)반성적이
다. 앙리에 따르면, 그것은 기쁨과 고통의 파토스와 힘으로 경험된다.
"세계는 어떤 고통도 기쁨도 드러낼 수 없다. 생명만 그것을 드러낸
다."[5] 그런 점에서 니체가 고통과 기쁨이 공존하는 세계를 잉태하는 디
오니소스를 첫 번째 욕망의 신으로 삼는 것은 매우 자연스럽다. 앙리
또한 디오니소스를 예술의 신으로 삼는다. 디오니소스는 생명력을 강

5　Carla Canullo, 앞 책, 99.

화하기 때문이다.

> 디오니소스는 '세계가 없고', 자기 자신의 파토스의 짐을 지는 고통을
> 겪으며, 빛의 신 아폴로를 생성함으로써 도피하고자, 그리하여 거리를
> 두고자 희망한다. 여기서 예술은 빛의 근원, 디오니소스가 고통으로부
> 터 도피하려 애쓰는 형상이다. 그러나 이것은 앙리의 예술 개념이 아니
> 다. 그는 칸딘스키의 글의 영향을 통해 예술을 '생명의 강화'로 고찰한
> 다.[6]

니체 또한 아름다움과 추함의 문제를 생명력(권력 의지)의 견지에서
해명한다.

> 아름다운 것은 아무것도 없다. 오직 인간만 아름답다. (…) 두 번째를
> 즉각 첨언하자. 유일하게 추한 것은 퇴보하는 인간인데, 이것이 미학적
> 판단의 영역을 규정한다. 생리학적으로, 추한 것은 모두 인간을 약하고
> 우울하게 만든다. (…) 우울할 때는 언제나 '추한' 무엇이 가깝다는 것
> 을 느낀다. 자신의 힘의 느낌, 자신의 권력 의지, 자신의 용기, 자신의
> 자긍심, 이것들은 추함으로써 가라앉고, 아름다움으로써 상승한다.
> (…) 추함은 퇴보의 징표이며 징후로 이해된다. 퇴보를 막연하게 상기
> 시키는 것은, 우리로 하여금 사물을 '추한' 것으로 판단하도록 한다.[7]

아름다움의 근거는 생명의 역능을 강화하거나 약화시키는 파토스라

---

6   https://plato.stanford.edu/entries/michel-henry/
7   Friedrich Nietzsche(2007), 앞 책, 200.

는 것이다. 아름다움이 파토스의 문제인 한, 그것은 로고스 너머, 곧 언어가 닿을 수 없는 곳에 나타날 수밖에 없다. 파토스는 언어의 이면(裏面)이자 언어의 가능성이기 때문이다. "언어의 드러난 측면이 사물을 표현하는 능력에 있다면, 그것의 숨겨진 측면은, 오직 파토스의 수단으로만 표현할 수 있는 것이 나타나는 데 있다. (…) 고통이 말하는 것은 그 자체이며 아무것도 아니다." 고통이라는 파토스는 언어를 생산하면서, 그와 동시에 언어를 파괴한다. 극히 고통스러울 때 우리는 그것을 말로 나타내려 애쓰지만 모든 언어는 실패한다.

> 로고스의 가능성은, '말해진 것'이 아니라, '순수한 나타남의 속성' 곧 모든 경험을 정초하는 정서(affectivity)다.[8]

생명의 자기감응은 '인간을 넘어' 모든 살아있는 존재를 구성하는 직물이다. 생명이 있는 것은 스스로 느낀다. 생명의 자기감응은 모든 생명체의 일차적이자 보편적 특성이다. 따라서 그것은 "함께함의 파토스(pathos-with)"를 산출한다.

> 공동체의 본질이 정서인 만큼, 공동체는 인간에 국한되지 않는다. 그것은 생명의 일차적 고통에, 곧 고통의 가능성에 의해 그 자체로서 규정된다. 우리는 고통 받는 모든 것과 함께 고통 받을 수 있다. 이 함께함의 파토스는 생각할 수 있는 모든 공동체에 대한 가장 광범위한 형식이다.[9]

---

8 앞 책.

9 Henry, M., *Material Phenomenology*, trans. by S. Davidson, Fordham University Press, 2008, 133-34.

아름다움이 생명력을 강화하는 파토스라면, 그것은 스피노자의 역
능의 개념이 그렇듯, 생명의 확장이 이루어지는 순간, 곧 생명 있는 존
재들 간의 만남 혹은 이음이 이루어지는 순간 출현한다. 석영중 교수
는 그 순간을 〈톨스토이, 성장을 말하다〉라는 제목의 강연에서 톨스토
이의 작품들에서 발견해 다음과 같이 제시한다.[10] 『전쟁과 평화』의 주
인공 피에르(Pierre Bezuhov)는 적군에게 잡혀 프랑스 장군에게 끌려
가 변명을 늘어놓지만 통하지 않는다. 그러다 "어느 한 순간 두 사람이
우연히 응시를 하게 된다. 적군 장군 다부는 눈을 들고 피에르를 찬찬
히 쳐다보았다. 몇 초 동안인가 두 사람은 서로를 쳐다보았고, 응시를
하는 동안 전쟁이라든가 재판이라든가 하는 일체의 조건을 초월한 인
간으로서의 관계가 두 사람 사이에 맺어졌다. 이 순간 그들은 모두 어
렴풋이 무수한 사물을 느꼈다. 그리고 자기들은 두루 다 인류의 아들
이자 동포라는 것을 깨달았다."

두 영혼이 생명으로 감응되는 응시는 『안나 카레니나』에도 나타난
다. 여기서는 흥미롭게도 감응이 그 사건을 목격하는 사람들까지 확장
하는 것 같다. 결혼식장에서 여러 잡념으로 불안에 사로잡힌 키티(E.
A. Shcherbatskaya, Kitty)는 톨스토이의 분신인 레빈(Konstantin D.
Levin)과 시선이 마주쳤다. 그러자 "그는 그 눈빛을 통해 그녀도 자기
와 같은 생각을 하고 있었다는 것을 알아챘다. 그녀의 그 감정은 어느
틈에 그에게로 옮아갔다. 그도 그녀와 마찬가지로 밝고 즐거운 기분이
되었다. 키티의 얼굴에서 타오르고 있던 기쁨의 불꽃은 회당 안의 모

---

10   석영중, "톨스토이, 죽음을 말하다." https://www.youtube.com/watch?v=IKZ
yubdVUIk&list=PLNundYmrndta30cJ2MdvFc_F7l-81OYVi

든 사람들에게 옳은 것 같았다."

　사람과 사람 간의 생명의 감응은, 삶의 방식의 일치감으로도 이루어
진다. 알랭 드 보통(Alain de Botton)에 따르면, 우리는 타인과 삶의
가치와 존재의 의미를 공유할 때, 에로티시즘 곧 흥분의 감정을 느낀
다.[11] 독일의 시인, 소설가이자 화가인 헤세(Hermann Hesse)의 소설
『데미안(Demian)』의 주인공 싱클레어(Emil Sinclair)와 싱클레어의
이상적 인물인 (엄마이자 애인인 완전하고 영원한 여인) 에바(Frau
Eva) 사이가 그렇다. 에바는, 진정한 자아를 찾아 힘겹게 걸어온 싱클
레어에게 이렇게 묻는다. "태어나는 것은 항상 어려워. 네가 알듯, 새
가 알에서 나오는 것은 노력 없이 되는 것은 아냐. 되돌아 자문해 봐.
그 길이 그 때 그렇게 어려웠니? 또한 아름답지도 않았니? 더 아름답
고 더 쉬운 길을 알 수 있었을까?" 싱클레어는 고개를 저었다. 그리고
서 그는 잠들어 있는 것처럼 말했다. "어려웠어요. 꿈이 올 때까지는
어려웠어요." 에바는 고개를 끄덕이며 싱클레어를 뚫어지게 바라보았
다.[12]

　생명의 자기감응은 생명 없는 것과 교감함으로써도 발생한다. 영국
의 영화감독 멘데스(Sam Mendes)의 작품 〈아메리칸 뷰티(American
Beauty, 1999)〉의 릭키(Ricky Fitts)는, 소용돌이 바람으로 허공에 날
아다니는 비닐봉지를 마치 아이처럼 느끼며 그것과 감응한다. 릭키는
이웃인 제인(Jane Burnham)에게 자신이 찍은 그 영상을 보여주며 이

11　de Botton, A., *How to Think More About Sex* (Kindle version), Picador, 44.

12　Hesse, H., *Demian* (Kindle version), 2268-271.

렇게 말한다.

> 내가 찍은 것에서 가장 아름다운 것을 보고 싶어? 눈 내리기 오 분 전
> 어느 날이었어. 대기 중에 이런 전기(電氣)가 있는데, 거의 들을 수 있
> 겠지, 그치? 이 봉투는 그냥… 나와 함께 춤추고 있었어… 나랑 같이
> 놀아달라고 조르는 어린애처럼. 십오 분 동안. (…) 비디오는 빈약한
> 변명이란 걸 알아. 그런데 그게 나를 기억하도록 해 줘… 기억해야
> 해… 때때로 세상에는 아름다움이 너무 많아. 내가 가질 수 없는 느낌
> 이야… 내 심장이 그냥 함몰할 거야.

아름다움은 제인의 마음을 마치 미풍처럼 흔들어 릭키에게 가도록
만든다. 신비스러운 현상이다. 생명, 자기감응과 자기현시, 그리고 살
아 있는 존재들 혹은 영혼들 간의 감응, 이 모든 것은 신비다. 모든 최
초의 사건은 신비인데, 자기현시는 최초의 현상화다. 그뿐 아니라 느
낄 수는 있지만, 그래서 알 수는 있지만 말로 표현할 수 없는 것, 언어
로 닿을 수 없는 것이어서 또한 신비다.

그럼에도 불구하고, 좀 더 정확히, 도리어 바로 그러한 까닭에, 이해
와 소통, 곧 개념화(재현) 욕망은 그러한 것에 이름을 붙이고 술부(述
部)를 동반한다. 표현하고자, 묘사하고자, 서술하고자 애쓴다. 인간은
근본적으로 잡을 수 없는 것을 붙잡고자 하는 욕망의 존재다. 벤야민
(Walter Benjamin)은 '아우라' 개념으로 그리한다. 따라서 바로 앞의
사례가 보여주는 인간(릭키)과 생명 없는 사물(비닐봉지) 사이에 이루
어지는 신비한 감응을, 우리는 벤야민의 '아우라' 개념을 통해 이해해
볼 수 있겠다. 벤야민에 따르면, 아우라는 우리와 사물이 서로를 보는

'이상한' 경험이다. 그는 이렇게 썼다.

> 누군가를 보는 것은 우리의 시선이 우리의 응시의 대상에 의해 돌려받
> 을 것이라는 암묵적 기대를 수반한다. 이러한 기대가 맞아떨어지는 곳
> 에 (…) 아우라의 경험이 충만하게 발생한다. 노발리스(Novalis)가 표
> 현했듯, '지각 가능성'은 '일종의 주목성'이다. 그가 마음에 두고 있는
> 지각성이란 아우라와 다르지 않다. 그래서 아우라의 경험은, 인간 관계
> 에 공통적인 반응이 무생물이나 자연의 대상물과 인간 간의 관계로 옮
> 겨가는 것에 달려있다. 우리가 보는, 혹은 누군가 보고 있다고 느끼는
> 사람은 거기에 대한 대응으로 우리를 돌아본다. 우리가 보는 대상에서
> 아우라를 지각하는 것은, 우리를 돌아볼 수 있는 능력을 우리가 그 대
> 상에게 부여한다는 것을 뜻한다.[13]

아우라는 인간 관계가 다른 관계로 전이됨으로써 생긴다는 것이다. 생명의 연대가 생명과 무생명의 관계로 확장되고 전이됨으로써 아우라가 발생한다는 것이다. 아우라 경험의 또 다른 정식인 "아무리 가까워도 거리가 있는 특이한 현상"[14]은 우리가 주로 예술 작품에서 경험한다. 그런데 벤야민에 따르면, 그러한 경험을 우리는 그저 덩그러니 놓여 있는 일상 사물에서도 느끼는데, 그것은 그것을 만진 손의 경험이 남긴 흔적에 대한 '비자발적 기억' 때문이다.[15] 이 또한 우리의 몸의 흔적을 지닌 사물을 마치 우리의 몸처럼 감응하게 하는, 생명의 확장과

---

13   Benjamin, W., *Illuminations*, ed. by H. Arendt, trans. by H. Sohn, Schocken Books, 2007, 188.

14   앞 책, 222.

15   앞 책, 186–88.

전이에 해당한다고 할 수 있다. 이로써 우리는 '아름다움은 생명의 감응'이라는 명제에 따라 이렇게 말할 수 있겠다. 아름다움은 어떤 대상을 '생명 있는' 존재로 볼 때 생겨난다. 따라서 '아름다움은 곧 아우라'라는 등식을 세울 수 있다. 핵심은 생명(의 감응)이다.

그런데 생명의 본질은 무엇인가? 앙리에 따르면, 생명의 본질은 우리 자신과 우리 자신의 성장을 경험하는 것이다. 여기서 성장이란, 지금까지 우리 자신에게서 발견할 수 없었던 '더 많은 우리 자신'이다. 앙리는 이렇게 쓰고 있다.

> 생명의 본질은 무엇인가? 그것은 자기 자신의 경험뿐 아니라, 그것의 직접적 결과로서 자기 자신의 성장을 경험하는 것이다. 삶의 길에서 자신을 경험한다는 것은 자기 자신 속으로 진입하는 것, 자기 자신의 존재의 소유로 진입한다는 것, 자신을 성장시키는 것, 그리고 '더 많은 자기 자신'인 '더 많은' 무엇에 영향 받는 것이다. (…) 자신의 성장과 자기 자신의 존재의 경험으로서의 그것[더 많은 무엇]은, 자기 자신을 기뻐하는 한 방식이다. 그것은 기쁨이다.[16]

우리 자신과 우리 자신의 성장을 인식하고 경험하는 것은 기쁜 일이다. 그리고 그것은 우리의 생명력을 강화하는 일이어서, 살아있는 모든 존재에 필수적이며 본질적이다. 삶은, 그리고 생명의 자기 경험은 근본적으로 고통인 까닭에(즐거움은 우리 자신을 잊게 하고, 고통은

---

16   Henry. M., *Seeing the Invisible*, trans. by Scott Davidson, Continuum, 2009, 122.

우리 자신에게 돌아오게 한다), 성장은 곧 고통에서 기쁨으로 옮겨가
는 움직임이다. 따라서 생명은 하나의 운동으로서, 예술의 목적은 바
로 그 운동을 실행하는 것이다.[17] "예술은 생명의 생성이다."[18] 따라서
예술은, 시대를 관통하는 모든 위대한 예술 작품은, "감성의 힘을 강도
와 힘의 궁극적 수준"[19]으로 끌어올림으로써 우리의 생명 의지와 성장
의지를 북돋운다. 예술은 그로써 생명의 본질을 성취한다.

　러시아 출신의 화가 칸딘스키(Wassily Kandinsky)는, 모든 실재를
인간의 내면이 아니라 외부의 세계와 객관성으로 환원시켜 생명의 가
치를 널리 절하(切下)하는 당대에 맞서, "추상예술을 통해 인간성(hu-
manity)의 갱신"을 도모했다.[20] 칸딘스키에 따르면, 모든 현상은 외부
와 내부라는 두 개의 다른 방식으로 경험할 수 있는데, 당대의 예술과
문화는 모두 외부를 향한다. 살아있음을 직접적으로 느끼고 경험하는
내부를 도외시한다. 순수한 (추상)예술을 천착하지 않는다. 인상주의
회화도 몬드리안과 말레비치의 그림도 모두 외부세계의 재구성이다.

　앙리에 따르면, 존재는 볼 수 있는 차원에 속하는 외부의 현상과 볼
수 없는 차원에 속하는 내부의 현상으로 구성되어 있다. 생명의 자기
현시는, 세계의 빛이 없을 뿐 아니라 모든 것을 대상으로 위치시키는
외부성의 지평이 비롯하는 내부에서 나타나는 현상이다. 예술은 바로
그것을 내용으로 삼아야 한다. 칸딘스키는 그러한 "살아있는 주체성"

17　앞 책.
18　앞 책.
19　앞 책, 124.
20　앞 책, vii-ix.

을 '영혼', 그것의 구체적 감정을 '영혼의 진동'이라 부른다. 그리고
바로 그러한 영혼의 진동을 붙잡고, 표현하고, 전달함으로써 보이지
않는 차원을 우리가 직접적으로 느끼도록 만드는 작업을 '정신적(spir-
itual)'이라 부른다. 가늠되고 정량화되는 것에 기초해 생명의 본질을
널리 부정하는, 따라서 죽음의 이름인 물질주의에 맞서, 예술은 그로
써 진리와 윤리에 동시에 복무한다.[21]

우리는 보이는 것에 붙잡혀 산다. 특별한 사건이 출현하지 않는 한
우리의 시선은 늘 우리 바깥을 향한다. 그것도 멀리 있는 것이 아니라
목전(目前)을 향한다. 우리 자신조차도 우리가 보는 우리 자신이 아니
라, 남이 보는 우리를, 우리의 외양을 본다. 우리는 우리가 아니라 우
리 바깥의 것들, 우리가 아닌 것들을 주목한다. 그럴 뿐 아니라 보이는
것들을 모두 유용한 도구적 대상으로 삼는다. 어떤 것도 그 자체 곧 하
나의 존재로 보지 않는다. 사물이 있다는 사실, 그러니까 사물 '그것이
존재하고 있다'는 단순한 사실에 마음을 주지 않는다. 존재의 신비에
무심하다. 그것이 우리에게 말을 걸고 있다는 것은 상상조차 않는다.
우리는 사물을 대상화시켜 그것을 통제하고 조작할 뿐이다.

그런데 어떤 것은 우리의 시선을 넘친다. 성상(聖像)이 그렇다. 그것
은 대상의 속성 곧 객관성을 초월하고, 우리의 시선 권력을 탈취한다.
다른 사람의 얼굴도 그렇다. 가만히 보면, 그 얼굴은, 눈빛은, 그/녀를
절대적으로 낯선 존재로 만든다. 리투아니아 출신의 유대계 프랑스 철
학자 레비나스(Emmanuel Levinas)는 이렇게 썼다. "하나의 얼굴은 절

---

21 앞 책, 19–23.

대적으로 낯선 영역으로부터, 그러니까 사실 궁극적 낯섦이라는 이름 그 자체인, 정확히 절대적인 것으로부터 우리의 세계에 진입한다."[22] 칸딘스키는 팔레트에서도 낯섦을 지각한다. "팔레트 한가운데 이상한 세계가 존재한다." 앙리는 그 이상한 세계를 '살아있음(living)'으로 읽어 낸다.[23] 생명은 누구도 볼 수 없지만 모두가 느낄 수 있는 어둠의 신비다.

땅딸막한 몸매, 튀어나온 눈, 들창코의 소크라테스는 추한 용모로 악명이 높았다. 그런데 아리스토데모스(Aristodemus)와 알키비아데스(Alcibiades) 등 그의 제자들은 한결같이 그를 아름답다고, 특히 내면이 아름답다고 서술한다. 탁월하게 아름다운 용모를 지녔지만 성격이 무척 문제였던 알키비아데스는, 자신의 스승인 소크라테스가 심지어 아름다운 신의 이미지를 지녔다고 상찬(賞讚)한다. 지혜가 있는 곳에 아름다움이 있다고 생각하는 소크라테스는 바깥이 아니라 안을, 자신의 내면을 응시한다. 진리와 선과 아름다움을 둘러싸고 있는 아포리아와 신비를 늘 탐구한 그는, 깊은 생각에 빠져 꼼짝달싹하지 않은 채 24시간을 서 있기도 했는데, 그것도 전쟁이 임박한 막사에서였다. 소크라테스가 힘과 덕성을 갖게 된 것은 바로 그렇게, 전쟁이라는 심각한 세계에서조차 잠시 물러서 평화롭게 사색할 수 있는 남다른 능력 덕분이었다.

"인간의 모든 불행은 홀로 고요한 방 안에 앉아 있을 수 없는 것에서

---

22   Levinas, E., *Emmanuel Levinas: Basic Philosophical Writings*, ed. by A. T. Peperzak, S. Critchley, and R. Bernasconi, Indiana University Press, 1996, 53.

23   Henry, M., 앞 책, 28.

비롯한다." 파스칼이 팡세(Pensées)에서 한 말인데, 스마트폰에 정신이 뺏긴 채 좀비처럼 움직이는 스몸비(Smombie)들을 볼 때마다 떠올린다. 세상은 오직 외양으로 구성된다. 가치보다 가격이, 내용보다 제목이, 가는 곳보다 신발 치수가, 듣는 소리보다 귀 모양이 더 중요하다고 말하는, 폴란드의 노벨문학상 수상 시인 쉼보르스카의 시 〈이력서 쓰기〉가 던지는 메시지가 정확히 그렇다. 쉼보르스카(Wislawa Szymborska)는 거기서 우리는 "마치 자기 자신과 단 한 번도 대화한 적 없는 것처럼" 이력서를 써야 한다고 했는데,[24] '없는 것처럼'이 아니라, 우리는 실제로 우리 자신과 정말 단 한 번이라도 진정하게 대화를 나눠본 적이 있는지 잘 모르겠다.

---

24   비슬라바 쉼보르스카, 『끝과 시작』, 최성은 옮김, 문학과 지성사, 2007.

아름다움, 쇠락하는 영혼

'헬조선'이라는 표현이 가리키듯, 우리는 지금 아름답기는커녕 추하고 더러운 세상에 살고 있다. 우리가 사는 세상이 왜 이렇게 추하고 더러운지 정치사회학적 설명이 필요하겠지만, 여기서는 아름다움의 맥락에서 간략히 이렇게 말할 수 있겠다. 우리 사회는 생명력을 약화시키는 반(反)생명의 힘이 위세를 떨치고 있기 때문이다. 우리의 문명 혹은 문화가 아름다움을 추구하는 에로스(생명 본능)를 통제하고 약화시키기 때문이다. 프로이트에 따르면, 문명은 에로스의 희생을 요구한다.

> 만약 문명이 인간의 성(性)뿐 아니라 공격적 성향까지 희생을 요구한다고 한다면, 인간이 거기서 행복을 느끼는 것이 왜 그리 어려울 수밖에 없는지 더 잘 이해할 수 있다. (⋯) 문명화된 인간은 행복의 기회의 일부를 안전 대책과 교환했다.[1]

---

1 Freud, S., *Civilization and Its Discontents*, Chrysoma Associates Ltd, Electron-

인간은 즐거움을 추구하는 에로스 곧 생명 본능에 사로잡혀 있다. 그 반면, 문명의 토대를 이루는 것은 리비도(성 에너지)와 공격성의 통제와 억압이다. 사회는, 이기(利己)를 좇는 인간이 서로에 대해 공격적 성향을 띠는 까닭에 늘 해체 위협에 처해 있기 때문인데, 20세기 전반의 세계 대전과 아우슈비츠는 그것을 특히 참혹하게 보여주었다. 그리하여 60년대 서구 학생운동의 정신적 지주였던 유대계 독일 사상가 마르쿠제(Herbert Marcuse)는 에로스를 되찾기 위해 가차 없는 사회비판을 수행했다. 그는 자신의 저서 『일차원적 인간(One-Dimensional Man)』과 『에로스와 문명(Eros and Civilization)』을 통해, 우리 모두 에로스를 위해 싸워야 한다고 주창했다. 권력자들은 전쟁, 아우슈비츠, 자본주의 착취 등 죽음을 위해 사회 자원을 사용하고 있다고 보기 때문이다. 마르쿠제가 내세운 모토는 이것이다. "오늘날 삶을 위한 싸움, 곧 에로스를 위한 싸움은 정치적 싸움이다." 마르쿠제가 그렇게 주창한 지 몇 년 지나 후기 자본주의 사회가 도래했다. 그리고서 우리는 아름다움(용모와 산업)과 에로스(섹스와 포르노)의 위축이 아니라 범람을 목도한다.

후기 자본주의 사회는 소비와 광고의 문화다. 최고의 예술적 재능과 천문학적 자본은 바로 거기에 투여된다. 소비와 광고는 때로는 직접적으로, 때로는 간접적으로 리비도를 닦달한다. 에로스는 소비 사회의 엔진이기 때문이다. 현대사회는 '즐겨라!'고 부추기고 명령한다. 즐기지 못하는 자는 사회 흐름의 낙후자로 간주된다. 즐기지 못하는 처지의 사람들은 우울감과 낙심에 빠진다. 그에 반해 마르쿠제의 '일차원

---

ic Books Library, 2000-2005, 26.

적 인간'은 아버지(법, 제도, 문화 권력, 시장 마케팅)의 명령을 군말 없이 따른다. 즐기기를 권유하고 명령하는, 그럴 뿐 아니라 자유롭게 마음껏 즐기도록 모든 여건을 마련하는 사회에서 자유와 평등과 정의를 위해 헌신하는 것은, 퇴물로 전락한 이데올로기에 매달리는 구식 인간으로 취급된다. 예술가 또한 자본주의와 공모해야 할 처지에 몰린다. 미국의 문학평론가이자 문화이론가 제임슨(Frederic Jameson)은 다음과 같이 쓰고 있다.

> 오늘날 미학적 생산은 일반적으로 상품 생산에 통합[되어], 어느 때보다 신선한 물결로 더 새로워 보이는 상품들(옷에서 비행기까지)을 생산해야 하는 광적(狂的)인 경제적 절박성으로, 이제는 갈수록 더 빠른 매출 속도로, 증대하는 본질적인 구조적 기능과 위치를 미학적 갱신과 실험을 할당받는다.[2]

그런데 자본주의 사회에서 범람하고 있는 에로스는 본디의 에로스가 아니다. 그것은 길들여지고 약해빠진 에로스, 순치(馴致)된 에로스다. 사회적으로 유용한 에로스, '상품'으로 포획된 에로스다. 사용 가치 있는 모든 것을 상품화하는 소비 사회는, 그 자신을 지탱하는 효율과 생산성이라는 '현실 원칙'에 따라, 리비도와 맞물린 '쾌락 원칙'을 억압하고 다스린다. '에로스를 위해 싸우라'는 마르쿠제의 모토는 여전히 유효하다.

---

2 Jameson, F., *Postmodernism or, the Cultural Logic of Late Capitalism*, Duke University Press, 1995, 4-5.

여기서 흥미로운 것은, '즐겨라!'는 명령은 사실 '죽어라!'는 명령과 다르지 않다는 점이다. 즉각적이고 직접적인 쾌락은 긴장(에너지)을 약화하고 소멸시켜 죽음으로 내닫게 하기 때문이다. 쾌락 그 자체를 '직접' 겨냥하는 에로스는 대상을 도구로 삼아 물화(物化)시킨다. 인간도 예외가 아니다. 바로 그런 까닭에, 에로스는 쾌락을 얻는 데 필연적으로 실패할 뿐 아니라, 대상 또한 내재적 의미가 배제됨으로써 사소한 사물로 취급되고 처분된다. 게다가, 동일한 것의 (강박적) 반복은 리비도를 죽음 충동으로 몰아간다. '즐겨라!'는 명령을 따르는 자는, 즐기는 것이 아니라 그 명령을 섬기는 종이 된다. 명령의 억압에 '충실히' 따르면서 도착(倒錯)으로 변한다. 섹슈얼리티 그 자체를 목적으로 삼는 사람은 "악의 꽃"이 되어 현실의 지배를 비켜간다.

> 정상적인 것, 사회적으로 유용한 것, 그리고 좋은(선한) 것이라는 등식을 강요하는 억압적 질서에서, 즐거움 그 자체를 위한 즐거움은 악의 꽃으로 나타날 수밖에 없다. 유용한 목적을 위한 수단으로 섹슈얼리티를 동원하는 사회에 맞서서, 성도착자는 섹슈얼리티 그 자체를 목적으로 떠받든다.[3]

에로스를 상품화하는 사회는 죽음 또한 쓸모의 차원에서 다룬다. "존재하는 권력은 죽음과 깊은 친밀성을 갖는다."[4] 에로스가 상품인 사회에 죽음이 예외일 수 없다. 자본의 힘은 존재하는 모든 것을 시장으로 빨아들인다. 이제는 일반명사가 되어 누구도 이상하게 대하지

---

3 Marcuse, H., *Eros and Civilization*, Beacon Press, 1955, 50.

4 앞 책, 236.

않는 '인적 자원(human resource)'이라는 말이 정확히 뜻하듯, 인간이 자원인 사회에 죽음이 자원이 아닐 수 없다. 그로써 죽음과 관련된 모든 것이 자본의 운동 구조에 맞물린다. 애도(哀悼)마저 소비와 생산의 순환과 속도에 따라 시간과 의례가 한정된다.[5] 그리하여 진정한 애도는 불가능하다. 에로스도 타나토스도, 외양만 남는다. '피상성의 파토스'가 지배하는 현대사회는 진정한 삶도, 진정한 죽음도 허락하지 않는다.

생명은, 특히 제도권 밖의 벌거벗은 생명은 오늘날, 존중은커녕 배려의 대상조차 되지 못한다. 한국의 외국인 노동자는 다른 나라에서는 범죄 행위에 해당될 정도의 인종혐오 발언과 공격적 행동에 무시로 노출된다. 극빈자 계급에 속하는 임대주택 거주자, 환경미화원, 아파트 경비원 등을 개나 고양이보다 못한 존재로 막 대하는 사람들이 곳곳에 잠복해있다. 한국은 기업뿐 아니라 교회도 자식에게 세습된다. 그리고 거의 모든 기업은 소유자가 곧 경영자다. 사학(私學)도 대개 그렇다. '소유자-경영자'는 예사로 자신의 직원을, 교수를 하인 대하듯 한다.

동물, 특히 개와 고양이는 사람의 존재의 무게가 줄어드는 만큼 거

---

5 "서구의 경우, 예컨대 에밀리 포스트(Emily Post)의 보고에 따르면, 남편 잃은 여인이 애도에 쓸 수 있도록 허락된 공식 기간이 1927년에는 3년이었다가 1950년에는 6개월로 줄었다. 그리고 1972년에는 사별을 당한 사람들이 '장례식이 끝난 후 일주일 정도 이내에 일상적인 사회적 과정을 추구하거나 추구하려고' 애쓰도록 권고하고, 대부분의 기업들은 사별을 위한 유급 휴가를 오직 직계가족에 한정한다. 리프킨(Jeremy Rifkin)에 따르면, 미국 비즈니스는 '애도 의무나 애도 의식에 대한 공동체 참여를 점점 줄이도록 조장'해, 지난 수십 년 동안 참여수가 전반적으로 줄어들었다." 이종건, 『살아 있는 시간』, 궁리, 2016, 16.

꾸로 늘어난다. 적어도 겉보기에는 분명히 그렇다. '애완동물'이라는
호칭이 '반려동물'로 바뀐 것은 그것의 확실한 징후다. '반려동물'로
부르는 것이 동물 복지나 생명 존중의 관점에서 (정치적으로) 옳다고
주장하는 사람들이 적지 않다. 그런데 실상은 누구도 알 수 없다. 동물
복지는 이미 특화된 상품이다. 그리고 개나 고양이를 자신의 부정적
감정을 해결하는 손쉬운 방편으로, 자신의 감정을 해결하는 도구로 삼
는 사람들 또한 여기저기 있다.

자본주의가 인간성(humanity)에 초래한 사태는 이것이다. 자본주의
는 사람을 수단으로 본다. 자본 생산의 도구로 대하고 다룬다. 사람은
고결하기는커녕 그 자체가 목적인 존재가 더 이상 아니다. 사람이 뺏
긴 고결성의 자리는 고가의 상품이 차지한다. 모든 단단한 것이, 심지
어 신비함과 성스러움마저 파괴된 물질주의 세속사회에서, 아우라는
상품의 몫이다. 대개 여자에게는 고가의 가방과 항(抗)노화 상품이, 남
자에게는 고가의 시계와 자동차가 그렇다. 200년 전 '페티시' 개념으
로 마르크스가 우려했듯, 상품은 소비자를 가격이 아니라 브랜드(의
아우라)로 매혹한다. 이전에는 위대한 예술 작품에서 경험했던 미학적
쾌감을 이제는 소위 명품으로 불리는 상품이 제공한다. 명품 소비는
미학적 오르가즘이다.

비인간화(非人間化)가 가속되는 사회에서 행동주의 예술가와 지식인
은 자신들의 작업을 대(對)자본주의 투쟁의 방편으로 삼는다. 현대사
회는 투쟁이 넘친다. 지난 20년 간 성 정체성은 줄곧 뜨거운 문화 전쟁
지대였다. 문화 권력에 맞서는 정치적 예술은 다양한 형태로 분기하며
투쟁력을 넓힌다. 예술과 문화 바깥 상황은 더 심하다. 우리 사회는 90

년대 이후 정치, 경제, 문화, 종교 등 끝없이 갈라지며 대립을 이어간
다. 정당은 끊임없이 소수 정당으로 분화되고, 소수 정치 진영은 더 가
열 찬 전투성으로 생존을, 존재감을 도모한다. 경제는 최고의 전투장
이다. 노동자 대 사용자, 정규직 대 비정규직, 비정규직 대 비정규직,
취업자 대 실업자, 심지어 청년층 대 노인층 등의 대립구도가 갈수록
세분되고 심화된다. 성과 젠더 또한 빠질 수 없는 단골 메뉴다. 남성
대 여성, 성소수자 대 종교 근본주의자, 거기에다 장애자 대 비장애자
까지, 갈등 양상이 나날이 과격해지며 통제를 벗어난다.

　민주화는 사회적 갈등을 해결하기보다 부추기는 경향이 훨씬 크다.
그럼에도 불구하고 반(反)민주화는 분명히 시대적 퇴행이다. 그로써
민주화도 반민주화도 제 갈 길을 못 찾는다. 이 모든 투쟁의 와중에 우
리가 정작 잃어가고 있는 것은, 아름다움과 진리, 도덕과 윤리, 보편적
생명 등 마케팅 대상으로 전락해서는 결코 안 되는, 전쟁과 같은 최악
의 상황에서도 절대적으로 지켜야 할 인간성의 근본 가치다. 사람이
사람으로서 살기 위해 절대적으로 필요한 가치가 무엇인지, 그것에 대
한 관심, 그것을 지키고자 하는 정신, 그리고 그것을 위해 연대하고 참
여하는 실천의 움직임은 애써 찾아도 보기 어렵다.

　한국은 물질주의가 유독 기승이다. "경제협력개발기구(OECD) 국
가들 중에서 한국은, 경제 성장에도 불구하고 물질주의 가치관에 갇힌
'유일한' 나라다."[6] 건강 염려증도 지나치다.[7] 일급 발암물질인 미세먼

6　이종건, 『영혼의 말』, 궁리, 2018, 10.
7　자신의 건강이 양호하다고 생각하는 사람의 인구 비율이 32.5퍼센트로서, OECD
국가 중 가장 낮다. 미국과 캐나다는 10명 중 9명이 양호하다고 생각한다. http://

지도 그렇지만, 무설탕, 트랜스지방 제로, 칼로리 제로, 저칼로리, 저염(低鹽), 친환경, 유기농, 디(무)카페인, 헬스, 슈퍼 푸드 등, 인간의 얼굴을 지닌 마케팅은 보이지 않게 무섭다. 건강에 좋아 '보이는' 상품들은 대개 나쁜 것을 가리는 가면이거나 순전히 광고 기법일 가능성이 농후한데, 그로써 우리에게 '거의' 사라진 동물성의 잔여마저 몽땅 거세함으로써 기개(氣槪) 없는 인간으로 몰아간다.

에로스와 타나토스, 이 둘은 거듭 말하건대 쌍쌍둥이 관계다. '에로스 없는 타나토스'가 그렇듯, '타나토스 없는 에로스'는 단순히 불가능하다. 한쪽이 소멸하면 다른 한쪽도 소멸한다. 이것이 뜻하는 것은, 어느 쪽이든 한쪽이 강해야 다른 한쪽도 강해진다는 것이다. 우리가 지구 항성에서 하나의 온전한 생명체로 살아가는 것은 오직, 모든 '살아있는 존재'와 그 환경을 귀하게 여길 때 가능하다. 그러한 정신과 태도를 갖기 위해 우리는 무엇보다도 우선 생명 그 자체 곧 '살아있음'을 때때로 의식하고 경험해야 한다. 그로써 생명력과 생명의 연대를 강화해야 한다. '살아있음'의 감각(과 연대감)이 강해지면, 심지어 사물마저 감응의 대상으로 나타나는데, 살아있는 생명마저 죽은 사물로 대하는 오늘날 그것은 전적으로 불가능하다. 아우라는 심지어 종교 공간에도 소멸하고 없다.

예술이 떠맡아야 할 미학과 윤리의 과업은 "생명을 활성화하는 것"이다.[8] 생명의 주체성인 영혼을 건드려 떨게 하고, 그로써 '해방'과

---

www.busan.com/view/busan/view.php?code=20180819000218
8   Henry, M., 앞 책, 19.

'살아있음'을 경험하고 의식하게 하는 것이다.[9] 우리에게 **지금 여기** 무엇보다도 절박한 아름다움은, 우리의 생명력을 강화하는 동물적 파토스다. 빛(로고스)이 없어도 늘 거기 있는 생명을 감응하게 하는 죽음 혹은 생명의 파토스, 이것이 우리가 아름다움이라는 이름으로 붙잡아야 할 영혼의 양식(糧食)이다. 예술가는 그것을 우리에게 공여한다. 프랑스 철학자 들뢰즈(Gilles Deleuze)가 탐구했던 영국의 표현주의 화가 베이컨(Francis Bacon)은 이렇게 말했다.

> 사람들은 항상 내 그림에서 피할 수 없는 필멸성의 느낌을 갖는다고 (…) 삶이 사람을 흥분시킨다면 그림자처럼 그 반대인 죽음도 사람을 흥분시킬 것이 틀림없으니까. 아마 흥분시킨다기보다는, 삶을 지각하는 것과 같은 방식으로 죽음을 자각하는 것이리라. (…) [예술가]는 그저, 사람들이 아무리 쓸데없다고 생각한다 하더라도, 다른 누구도 해낼 수 있던 적이 없는 방식으로 삶을 생기 있게 만든다.[10]

그런데 베이컨은 바로 그 이후의 문장들에서, 생명의 활성화 작업이 헛되다고 쓰고 있다.

> 결국 예술가가 된다는 것은 헛됨의 한 형식이다. (…) 삶이 정말 두터워지는 극소수의 방법 중 하나는 소수의 사람들이 남겨 놓은 위대한 것들에 의해서다. 그렇다, 물론 예술은 정말로 심오하게 헛된 작업이다.[11]

9　앞 책, 23.

10　베이컨이 실베스터(David Sylvester)와 가진 인터뷰에서 한 말로서, 김재인의 번역이다.

11　앞 책.

우리의 삶(생명)을 두텁게 만드는 예술가의 작업이 왜 헛된가? 예술가가 되는 것은 왜 헛된 삶의 형식인가? 베이컨의 이 말은 '헛된' 이라기보다 '헛되어야 하는' 으로 읽어야 옳다. 그러한 예술은 오직 생명이 요구하는 영혼의 절박성, 칸딘스키가 "내적 필연성(Inner Necessity)" 이라고 부르는 것에 의해 개시되고, 진행되고, 마침내 달성되기 때문이다. 그런 까닭에 실용이나 효용과 무관해 상품이 될 수 없기 때문이다. 결코 상품이 되어서는 안 되기 때문에 '헛되어야' 한다는 것이다. 영혼의 부름에 응답해야 하는 까닭에 물질로 머물 수도 없다. 그것은 오직 형이상학적(meta-physical) 존재이어야 하는데, 바로 그것이 예술의 자유를 규정하고 보장한다. 칸딘스키는 그러한 예술을 "순수 예술"이라 부른다.[12]

예술가의 작업은, 혹은 작품은 어떻게 우리의 삶(생명)을 두텁게 만드는가? 그것은 진정한 죽음마저 불가능하게 만드는 폭력과 소비의 세상에 맞서서 언어에 의해 구금된 파토스의 힘을 해방시킴으로써, 그리고 그로써 생기를 북돋움으로써 그리한다. 예술가는 가능한 한 가장 강한 힘과 파토스를 드러냄으로써 그리하는데, 고통은 생명의 근원적 원천이다. 고통은 살아있는 존재의 일차적 징표다. 들뢰즈는 이렇게 썼다.

괴로워하는 인간은 짐승이며, 괴로워하는 짐승은 인간이다. 그것이 생성의 현실이다. 예술, 정치, 종교 또는 그 어떤 분야에서건 혁명적인 인간이라면 어떤 누구라도 그가 짐승에 지나지 않는 이 극단적 순간을,

12   Henry, M., 앞 책, 24.

죽어가는 송아지들에 대해서(*de*)가 아니라 죽어가는 송아지들 앞에서 (*devant*) 책임감을 갖게 되는 이 극단적 순간을 느끼지 않았으랴? (…) 베이컨은 외침의 회화를 만들었다. (…) 그것은 '~에게 외친다(crier à)는 공식으로 표현된다. (…) ~앞에서(*devant*) 외치는 것도 ~에 대해(*de*) 외치는 것도 아닌, 가령 죽음에게(à) 외친다. (…) 베이컨이 두 가지 폭력, 즉 광경의 폭력과 감각의 폭력을 구분할 때, 그리고 하나를 얻기 위해서는 다른 하나를 포기해야 한다고 말할 때 (…) 어떤 점에서 (…) 광경의 폭력보다 감각의 폭력을 선택하는 걸까? (…) 삶은 죽음에게 외친다. 하지만 정확히 말해, 죽음은 우리를 쇠약하게 만드는 저 너무도 가시적인 것이 더 이상 아니다. 죽음은 삶이 탐지해내고 들춰내고 외침을 통해 보이게 만든 저 보이지 않는 힘이다. 죽음이 판단되는 것은 바로 삶의 관점에서이지, 우리가 쉽게 생각했듯 그 역이 아니다.[13](밑줄은 필자가 쳤음.)

무엇에 '대해서' 하는 생각(의식)은 로고스가 통치하는 영역이다. 대상은 나와 분리되어 '거기' 있다. 그에 반해, 죽어가는 생명을 '앞에서' 직접 대면할 때 우리는 파토스에 즉각 휩싸인다. 생명과 죽음의 윤리 감각이 엄습한다. 책임(responsibility)이란 응답하는 것(respond)이다. 작가는 자신이 체험한 감응을 자신의 본능에 따라 작품에 생생하게 새겨 넣음으로써 그 상황에 응답하는데, 앙리는 그것을 러시아의 추상화가 칸딘스키(Wassily Kandinsky)에게서 발견한다.

13　김재인, "니체를 통해 본 예술의 기능 – 삶을 기쁘게 견디기", Open Architecture School, 2018. 8. 16.

칸딘스키의 추상은 세계 속의 대상이 아니라, 우리 존재의 바닥(le fond), 어두운 심연 속에 있던 우리의 충동들과 정념들, 끊임없이 자기 자신으로 도래하는 비가시적인 삶을 내용으로 한다. 칸딘스키가 추상을 통해 표현하고자 한 것은 (…) 내면적 현상, 즉 살아있는 영혼의 파토스, 그 긴장과 떨림, 그것은 바로 앙리가 탈(脫)은폐하고자 한 비가시적인 실재, 자기 감응적으로 나타나는 삶 그 자체이다.[14]

칸딘스키가 추상예술에 매진하게 된 것은 모든 삶의 공간에 파종된 현대적 세계관 때문이다. 기술과학이 도래시킨 물질주의는 모든 것을 대상화, 객체화, 정량화, 사물화시킨다. 그로써 생명의 가치의 경시와 약화를 초래한다. 칸딘스키는 이렇게 쓰고 있다.

이 지극히 중요한 내적 생명의 불꽃은 오늘날 오직 불꽃으로 현존한다. 수년간의 물질주의 이후 이제 겨우 깨어나고 있는 우리의 정신은 불신, 목적과 이상의 결핍이라는 실망에 전염된다. 우주의 생명을 악하고 쓸모없는 놀이로 바꾸는 물질주의의 악몽은 아직 지나가지 않았다. 그것은 깨어나는 영혼을 여전히 붙잡고 있다. 단지 희미한 불빛이 거대한 어둠의 만(灣)에서 작은 별처럼 반짝인다.[15]

그런데도 인간의 영혼을 책임져야 할 예술은 외부세계를 향한다. 그리스 전통 안에서 오직 빛 속에 놓인 '보이는 것'에 매달린다. "예술은

14　김재희, 「추상: 비가시적인 삶의 파토스 – 미셸 앙리의 칸딘스키론」, 『철학사상』, Vol. 28, 2008, 347-77.
15　Kandinsky, W., *Concerning the Spiritual in Art*, trans. by M.T.H. Sadler, The Project Gutenberg eBook, 2011.

거의 전적으로 자연의 형태들과 현상들의 재생산에 관심 갖는다. (…) 그것들은 단지 피상적이고 오래가는 인상을 남기지 않는다."[16] 그로써 빛이 없는 어둠이어서 결코 볼 수 없지만, 그럼에도 불구하고 누구나 생생히 느끼는 생명 현상에 주목하지 않는다. '느낌'에서 오는 '살아 있음'의 기쁨을 표현하고 전하지 않는다. 예술은 영혼을 잃었다.

> "무엇을?"이라는 질문이 예술에서 사라지고 오직 "어떻게?"만 남는다. (…) 예술은 영혼을 잃었다. (…) 예술은 "무엇", 곧 새롭게 깨어난 영적인 생명의 영적 양식에 이르는 길을 보여주는 바로 그 "무엇"을 잃었다. 이 "무엇"은 더 이상 이전 시대의 물질적인, 객관적인 "무엇"이 아니라, 예술의 진정한 진리, 곧 그것 없이는 개인이든 전체 인민이든 몸 (즉, "어떻게")이 결코 건강할 수 없는 바로 그 영혼이 되어야 할 것이다.[17]

그러므로 예술은 인간의 영혼을 지키고 향상하고 개선하는 것을 지향해야 한다.[18] 예술의 진리는 예술이 영혼이 되는 데 있다. 따라서 세계가 생명을 위해 존재해야 하듯, 우리 바깥의 가시적(可視的)인 것은 우리 내면의 비(非)가시적인 것을 위해 쓰여야 한다. 그것이 물질이 아니라 영혼을 위한 길이다. 예술이 모방이 아니라 "항상 고도의 생명 형식들을 표현하는 것은 그래서다."[19] 추상예술은 바로 거기서 비롯한다. 추상예술은 외부세계와 무관하게 오직 힘과 파토스에 주목함으로써

16　앞 책.
17　앞 책.
18　앞 책.
19　Henry, M., 앞 책, 19.

그리한다. 칸딘스키에게 가시적인 색과 형태는 오직, 생명의 진동 혹
은 감응과 연결되는 파토스의 세기(tone)와 색조(tonalities)를 표현하
고 전달하는 매체일 뿐이다.

> 추상의 원리에 따르면, 본다는 것은 보이는 색의 파토스를 경험하는
> 것, 그 파토스의 실재가 되는 것, 생명 그 자체가 되는 것이다.[20]

따라서 색은 외부세계의 유사성이 아니라 내적인 감정에 미치는 힘
의 세기를 토대로 선택된다. "색은 정신에 애초에 따뜻함과 차가움, 그
리고 밝고 어두움이라는 두 가지로 나뉘어 발생한다. (…) 따뜻한 색은
보는 사람에게 접근하고 차가운 색은 보는 사람으로부터 물러난다."[21]
예컨대, 노랑이 전자의 색에 속한다면 파랑은 후자의 색에 속한다. 형
태를 선택하는 방식 또한 생명 곧 내적 파토스가 유일한 원리로 작동
한다. 예컨대 점(點)은 정적(靜的)인 것으로서 고요의 감정을 표현하
고, 지그재그 선은 움직임으로서 불연속의 감정을 전달한다. 칸딘스
키에 따르면, 형태는 추상적일수록 더 분명하고 더 직접적으로 호소
한다. 칸딘스키의 작품은 그리하여 내용과 형식 둘 모두 추상성에 도
달한다. 칸딘스키는 〈Painting as a Pure Art, 1913〉에서 이렇게 쓰고
있다.

> 영혼의 진동에 의해 창조된 내적 요소가 예술 작품의 내용이다. 내적
> 내용 없이는 어떤 예술 작품도 존재할 수 없다.[22]

20   앞 책, 132.
21   Kandinsky, W., 앞 책.
22   Henry, M., 앞 책, 재인용. 23.

칸딘스키에게, 그리고 베이컨에게 아름다움은 곧 생명의 감응이다.
칸딘스키는 이렇게 썼다.

> 우리의 영혼에서 생겨나는 바로 그러한 내적 요구에 의해 생산되는 것
> 은 아름답다.[23]

칸딘스키의 예술 세계를 오래 탐구한 앙리는 칸딘스키의 예술에 대
해 이렇게 썼다.

> 생명은 결코 그림에서 우리가 보거나 보는 것 같은 것(의 견지)이 아니
> 라, 오직 그러한 보는 행위가 발생할 때 우리 안에서 우리가 느끼는 감
> 정(의 견지)에 현존한다.[24]

---

23   Kandinsky, W., 앞 책.

24   Henry, M., 앞 책, 121.

아름답게 걸으라

우리에게 기쁨을 주는 것은 진리 그 자체가 아니라,
진리에 도달하기 위해 우리가 기울이는 노력이다. ─톨스토이

　분석심리학의 창시자 융(Carl Jung)이 남긴 글들 중, 자신이 푸에블로 인디언 추장과 나눴다는 이야기에 관한 글이 있는데,[1] 몇 부분은 특히 인상적이다. 그것은 대충 다음과 같다. 비안코(Ochwiay Bianco)라는 이름의 추장은 백인들의 모습이 참으로 잔인하다고 했다. 백인들은 입술이 얇고, 코는 뾰족하며, 얼굴은 주름이 깊고 비틀어져 있다. 눈은 무언가를 뚫어지게 보는 표정인데, 항상 무언가를 찾는다. 무언가를 원한다. 항상 불안정하고 가만있지 못한다. 무엇을 원하는지 알 수 없고, 이해할 수 없다. 그들은 미친 것 같다.

　융이 추장에게, 왜 백인들은 모두 미쳤다고 생각하는지 물었다. 추장은 이렇게 대답했다. "백인들은, 자신들은 머리로 생각한다고 말해." 융이 놀라서 다시 물었다. "당연하지. 너는 무엇으로 생각하는데?" "우

---

[1]　Carl Jung, *Memories, Dreams, Reflections*, Pantheon, 1973.

리는 여기서 생각해." 추장은 자신의 가슴을 가리켰다.

내가 아름답지 않다고 여기는 사람은, 나를 아름답지 않게 볼 공산이 크다. 우리는 (어리석게도) 우리 자신이 모든 것의 판관인 양 자처한다. 자신을 세계의 중심으로 삼아 자신의 앎을 진리로, 자신의 모습과 감정을 아름다움으로, 자신의 행동을 선으로 간주한다. 자아에 함몰되어 오만(傲慢)하거나 무지(無知)한 자, 자신의 이익을 구하려 부단히 움직이는 자는 아름답지 않다. 자신의 욕망에 붙잡혀 남의 욕망을 돌보지 않는 자는 결코 아름답지 않다. 아름다움은 대상에 머무는 것이고 대상에 몰입하는 정념인데, 무엇보다도 대상과 '더불어' 머물고 몰입하는 것이다. 아름다움은 나와 대상을, 그리고 존재를 둘러싸는 공간이다.

추장은 미국 사람들이 왜 자신의 종교를 근절하려고 애쓰며 자신들을 그냥 내버려두지 않는지 이해할 수 없다. 자신들의 행위는 자신들뿐 아니라 미국 사람들, 아니 온 세계를 위한 것인데도 말이다. 융이 궁금해서 물었다. "너희들이 너희 종교로 하는 행위가 온 세계를 이롭게 하는 것이라고?" 추장은 매우 생기있게 응답했다. "당연하지. 우리가 그것을 행하지 않으면, 세상이 어떻게 될 것 같니?" 그리고는 의미심장한 몸짓으로 태양을 가리켰다. 그리고 말을 이었다. "결국, 우리는 세계의 지붕 위에 사는 민족이야. 우리는 태양 아버지의 아들들이고, 우리의 종교로써 우리는 매일 우리의 아버지가 하늘을 건너갈 수 있도록 도와. 우리가 이것을 하는 것은, 우리들뿐 아니라 온 세계를 위해서야. 만약 우리가 우리의 종교를 실천하는 것을 그만두게 된다면, 십년 후 태양이 더 이상 떠오르지 않을 거야. 그러면 영원히 밤이 될 거야."

내가 살아가는 일상사 하나하나가 나와 가까운 사람들, 내 주변의 사람들, 심지어 온 세계에 영향을 미친다면, 혹은 미친다고 생각한다면, 내 언행은 얼마나 귀중하고 무거울까? 그 의미는 얼마나 깊을까? 홀로, 그리고 온 존재와 더불어 사는 일은 얼마나 고결한가. 그리고 아름다운가.

융이 추장에게 이렇게 물었다. 태양은 보이지 않는 신이 만든 불의 공이라고 생각해 본 적이 없는지. 융의 이 질문은 아우구스티누스의 입을 빌린 것이다. 아우구스티누스는 이렇게 주장했다. "신은 태양이 아니라, 태양을 만든 자다." 융의 관찰에 따르면, 추장은 화를 내기는 커녕 놀란 기색조차 없었다. 아무 요동도 없었다. 심지어 융의 질문이 바보 같다고 생각하지도 않았다. 추장은 냉담하게 말했다. "태양이 신이야. 모든 사람이 알 수 있어."

우리 각자의 몸으로 보고 느끼며 살아가는 물질계. 그리고 그것에 상상(의식)으로 의미를 부여하는 형이상학의 세계. 혹은 가상의 세계. 인디언에게 신은 물질계의 태양이며, 아우구스티누스에게 신은 태양을 만들고 주재하는 초월적 존재다. 현대세계에서 아름다움이 힘을 잃은 근원적인 이유가 신(성스러움)의 죽음이라면, 그리고 신이 머물 자리가 우리에게 없거나 후미진 구석이라면, 아름다움의 소생에 필요한 것은 신을 대체할 무엇이 아닐까. 일상세계에 숨겨져 있거나 일상세계 너머에 있는 모종의 신비가 아닐까. 그리고 그것은 누구보다도 시인이, 예술가가, 철학자가 떠맡아야 하는 과업이 아닐까.

글을 마무리해야 하는 시간, 이탈리아 영화감독 베니니(Roberto Be-

nigni)의 작품 〈인생은 아름다워(Life is Beautiful, 1997)〉와 또 다른
이탈리아 영화감독 가로네(Matteo Garrone)의 〈리얼리티: 꿈의 미로
(Reality, 2012)〉가 생각난다. 이 두 영화에 대해서는 여러 시각의 비판
적 독해가 가능하겠지만 여기서는 이 글의 맥락에서 간단히 독해한다.

우선 〈인생은 아름다워〉. 어린 아들과 함께 강제수용소에 끌려간 주
인공 귀도는 '살아있는 지옥'의 삶을 자신의 아이에게 게임이라고 속
인다. 아빠의 말을 곧이곧대로 듣는 아들 조수아는 자신이 처한 수용
소의 삶을 아빠의 말대로 게임이라 여기며 상품을 타기 위해 힘겹지만
씩씩하게 시간을 보낸다. 영화의 백미는 귀도가 처형장으로 씩씩하게
걷는 장면이다. 아들을 위해 천근만근 무게의 발걸음을 연극적으로 쾌
활하게 걷는 모습인데, 그러한 그의 연극적 삶은 자신의 아이를 지옥
의 삶으로부터 보호할 뿐 아니라 주어진 현재를 희망으로 살아갈 수
있도록 해준다. 현실 지옥에 처한 영혼을 아름답게 살게 해주는 것은
연극(가상) 공간이다. 아름다움은 영혼의 보호막이자 영혼이 짓는 집
이다.

그 다음, 〈리얼리티: 꿈의 미로(Reality, 2012)〉. 생선 가게를 하며
살다가 우연히 갖게 된 꿈(텔레비전 스타)은 주인공 루치아노의 삶을
바꾼다. 남의 시선을 의식하며 자신의 언행뿐 아니라 삶의 토대, 심지
어 영혼까지 흔든다. 꿈을 꾸기 전에는 역정을 내며 쫓아냈던 걸식(乞
食)하는 남자에게 적선(積善)을 베풀고, 힘들게 모은 재물을 가난한 이
들에게 값없이 나눠주며, 극빈자들을 집안에 들여 환대한다. 이 모든
것을 믿음과 희망 안에서 기쁘게 한다. 현실의 삶을 급진적으로 바꾸
는 꿈은 욕망과 의식의 산물인데, 크든 작든, 우리가 기대(희망)하는

것은 모두 꿈이다. 살아있는 한 우리는 희망하는 까닭에, 꿈과 현실은 뗄 수 없이 얽혀 있다. 꿈은 아름답다. 꿈을 꾸는 시간, 그리고 꾼 시간은 영원히 아름답다. 그로써 삶이 더 나아지면, 꿈꾸고 난 이후의 시간도 아름답다. 사랑 또한 그렇다.

불교는 '일체유심조(一切唯心造)'라고 했다. 모든 것이 마음먹기에 달렸다는 뜻이겠지만, 실제로 모든 사태를 우리 마음대로 만들어낼 수 있다는 뜻으로 곧이곧대로 받아들이기보다, 인간사(人間事)에는 마음이 가장 중요하다는 말로 소박하게 받아들이면 좋겠다. '부처 눈에는 부처가 보이고 돼지 눈에는 돼지가 보인다.'고 전해 내려오는 무학대사의 말도 인간사의 정곡을 찌른다.

나는 너를 부처로 볼 수도 있고 돼지로 볼 수도 있다. 태양을 신으로 상상할 수도 있고 신이 만든 불로 상상할 수도 있다. 내가 현실을 '무엇으로 그리고 어떻게' 볼 것인지는 온전히 나의 자유이자 권리다. 나는 그렇게 현실의 너를 '일종의' 가상으로 재구성할 수 있다. 그런데 그렇게 보는 나의 시각은 현실의 사태를 변화시킨다. 혹은 변화시킬 수 있다. 너를 보는 나의 시각은 나의 행동에 영향을 미치고, 그에 따라 너의 행동까지 영향을 미쳐, 결국 우리의 삶을 바꾼다. 그뿐 아니라 그러한 사태는 더 이상 우리를 자유로운 존재로 내버려두지 않는다. 우리는 그렇게 초래된 사태를 돌이킬 수 없기 때문이다. 나의 시각을 바꾸는 사후의 작업은 또 다른 사태를 초래한다. 너를 보는 나의 시각은 이 지점에서 자유와 권리를 넘어선다. '일종의' 실존적 의무로 넘어간다. 돼지의 삶을 살 것인지 부처의 삶을 살 것인지는, 단순히 보는 방식을 넘어 '일종의' 실존적으로 결단해야 할 사건일 수 있기 때문이

다. 머리로 생각하기와 가슴으로 생각하기, 태양을 신으로 생각하기와
불로 생각하기도 그리 다르지 않은 문제다. 보기(상상하기)를 넘어 실
제로 그렇게 믿고 행하는 일은, 전적으로 다른 세계 안에서 다른 현실
을 사는 일이다.

'욕조에서 낚시하기'를 그렇게 읽어볼 수 없을까? 〈인생은 아름다
워〉와 〈리얼리티: 꿈의 미로〉의 맥락에서 새롭게 읽어볼 수 없을까?
나바호족은 마치 아름답게 살기로 작정한 사람들 같다. 그들은 모든
삶의 걸음걸음을 '아름다움 안에서' 걷기를 염원하기 때문이다. 그들
은 누군가와 헤어질 때마다 다음과 같이 기도한다.

> 아름다움 안에서 나는 걷는다.
> 내 앞에 있는 아름다움과 함께 나는 걷는다.
> 내 뒤에 있는 아름다움과 함께 나는 걷는다.
> 내 위에 있는 아름다움과 함께 나는 걷는다.
> 내 주변에 있는 아름다움과 함께 나는 걷는다.
> 그것은 다시 아름다움이 되었다.

> 오늘 나는 걸어 나갈 것이며,
> 오늘 부정적인 것이 모두 나를 떠날 것이다.
> 나는 내가 있던 대로 있을 것이며,
> 나는 내 몸 위에 시원한 바람을 가질 것이다.
> 나는 가벼운 몸을 가질 것이며, 나는 언제나 행복할 것이며,
> 아무것도 나를 방해하지 않을 것이다.

나는 내 앞에 있는 아름다움과 함께 걷는다.

나는 내 뒤에 있는 아름다움과 함께 걷는다.

나는 내 밑에 있는 아름다움과 함께 걷는다.

나는 내 위에 있는 아름다움과 함께 걷는다.

나는 내 주변에 있는 아름다움과 함께 걷는다.

나의 말은 아름다울 것이다.

아름다움 안에서 하루 종일 걸을 수도 있다.

계절들이 돌아오는 것을 지나며 걸을 수도 있다.

꽃가루로 표식 된 길을 걸을 수도 있다.

내 발에 이슬을 머금고 걸을 수도 있다.

내 앞의 아름다움과 함께 걸을 수도 있다.

내 뒤의 아름다움과 함께 걸을 수도 있다.

내 밑의 아름다움과 함께 걸을 수도 있다.

내 위의 아름다움과 함께 걸을 수도 있다.

내 모든 주변의 아름다움과 함께 걸을 수도 있다.

헤매는 늙은 나이로 아름다움의 길을, 생기 있게, 걸을 수도 있다.

헤매는 늙은 나이로 아름다움의 길을, 다시 살아, 걸을 수도 있다.

나의 말은 아름다울 것이다….

영혼을 지키고, 영혼을 양육하며, 영혼을 성장시키는 일은 참으로 소중하지 않은가? 우리의 영혼은 평강한가? 그리고 때때로 기쁨을 혹은 고통을 느끼는가? 우리는 아름다움 속에 살고 있는가? 우리는 혹, 아름다움이라는 집을 잃고 떠도는 영혼의 노숙자는 아닌가? 지금이 혹, 바로 그 집을 지어야 할 시간은 아닌가?

　행여 집을 짓겠다면, 홀로가 아니라 우리 모두 거주할 집을 지어야 하지 않을까? 사해동포(四海同胞)를 넘어 살아있는 모든 존재가, 더 나아가 만물이 더불어 머물 수 있을, 빛과 어둠, 차가움과 뜨거움, 고통과 기쁨, 타나토스와 에로스, 현실과 가상이 섞인 존재의 집을 지어야 하지 않을까? 생명의 감응은 매순간 우리의 결단을 요구한다.

김재희, 「추상: 비가시적인 삶의 파토스 - 미셸 앙리의 칸딘스키론」, 『철학사상』,
    Vol. 28, 2008.

데이브 히키, 『보이지 않는 용: 아름다움을 바라보는 데이브 히키의 전복적 시선』,
    박대정 옮김, 마음산책, 2011.

라이너 마리아 릴케, 『두이노의 비가』, 손재준 옮김, 열린책들 세계문학 e컬렉션,
    2017.

비슬라바 쉼보르스카, 『끝과 시작』, 최성은 옮김, 문학과 지성사, 2007.

빌헬름 보링거, 『추상과 감통』, 이종건 옮김, 경기대학교 출판사, 2006.

애덤 샌델, 『편견이란 무엇인가』, 이재석 옮김, 와이즈베리, 2015.

옥타비오 파스, 『활과 리라』, 김홍근 옮김, 솔, 1998.

이종건, 『살아 있는 시간』, 궁리, 2016.

이종건, 『깊은 이미지』, 궁리, 2017.

이종건, 『영혼의 말』, 궁리, 2018.

장-뤽 낭시(Jean-Luc Nancy), 『신, 정의, 사랑, 아름다움』, 이영선 옮김, 갈무리, 2012.

김재인, "니체를 통해 본 예술의 기능-삶을 기쁘게 견디기", Open Architecture School, 2018. 8. 16.

Adorno, T., *Prisms*, trans. by Samuel and Shierry Weber, The MIT Press, 1981.

_____, *Aesthetic Theory*, trans. by R. Hullot-Kentor, The Athlone Press, 1997.

Agamben, G., *The Man Without Content*, trans. by Georgia Albert, Stanford University Press, 1999.

_____, *The Open: Man and Animal*, Stanford University Press, 2004

Alighieri, D., *The New Life(La Vita Nuova)*, trans. by D. G. Rossetti, Ellis and Elvery, The Project Gutenberg eBook, 2012.

Anderson, D., *Giegerich's psychology of soul: Psychotherapeutic implications*, ProQuest Dissertations and Theses, 2014.

Andreoni, J. and Petrie, R., "Beauty, Gender and Stereotypes: Evidence from laboratory Experiments", *Journal of Economic Psychology*, Vol. 29, Issue 1, Feb. 2008.

Barney, R., "Eros and Necessity in the Ascent from the Cave", *Ancient Philosophy* 28, Mathesis Publications, 2008.

Beaulieu, A., "The Status of Animality in Deleuze's Thought", In *Journal for Critical Animal Studies*, Vol. IX, Issue 1/2, 2011.

Benjamin, W., *Illuminations*, ed. by H. Arendt, trans. by H. Sohn, Schocken Books, 2007.

Bentley, S. M., *Friedrich Shiller's play: a theory of human nature in the* context of the eighteenth-century study of life, Ph.D Dissertation, University of Louisville, 2009.

Burke, E., *A Philosophical Enquiry into the Origin of Our Ideas of the Sublime and Beautiful*, Second Edition, 1759.

Bürger, P., *Theory of the Avant-Garde*, trans. by M. Shaw, University of Minnesota Press, 1984.

Canullo, C., "Michel Henry between Krisis and Critique: Philosophy in the Age of Barbarism", in *Analecta Hermeneutica* Vol. 8, 2016.

Caropreso, F., "The Death Drive according to Sabina Spielrein", *Psicologia USP*, 2016.

Cleversley, J. M., "Exploring the Concept of the Human Soul from a Religious, Psychological, and Neuro-Scientific Perspective", Department of Psychology, Medaille College, 2015.

Culler, J., *Structuralist Poetics: Structuralism, Linguistics, and the Study of Literature*, Cornell University Press, 1993.

Danto, A., *Embodied Meanings: Critical Essays and Aesthetic Meditations*, Farrar, Straus and Giroux, 1994.

_____, *After the End of Art*, Princeton University Press, 1998.

_____, *The Abuse of Beauty: Aesthetics and the Concept of Art*, Open Court, 2003.

de Botton, A., *How to Think More About Sex* (Kindle version), Picador.

de Chirico, G., "Meditations of a Painter", in *Theories of Modern Art: A Source Book by Artists and Critics*, ed. by H. B. Chipp, University of California Press, 1968.

Derrida, J. *The Ear of the Other: Otobiography, Transference, Translation*, ed.

by C. McDonald, trans. by P. Kamuf, Schocken Books, 1985.

Derrida, J., "Ficus: Frankfurt Address", *Paper Machine*, trans. by R. Bowlby, Stanford University Press, 2005.

Diessner, R., Davis, L., and Toney, B., "Empirical Relationships Between Beauty and Justice: Testing Scarry and Elaborating Danto", *Psychology of Aesthetics, Creativity, and the Arts*, 2009.

Eliot, T. S., *Selected Essays*, Faber and Faber, 1951.

_____, *The Sacred Wood*, Butler and Tanner, 1967.

Fan, L., *Love and Madness in Plato's Phaedrus*, Ph.D. Disseratation, University of St Andrews, 2016.

Fendrich, L., "Dave Hickey's Politics of Beauty", *The Chronicle Review*, 2 January 2013.

Freud, S., *Beyond the Pleasure Principle*, trans. and ed. by J. Strachey, W. W. Norton & Company, 1961.

_____, *Civilization and Its Discontents*, Chrysoma Associates Ltd, Electronic Books Library, 2000–2005.

Fukuyama, F., *Identity: The Demand for Dignity and the Politics of Resentment*, Farrar, Straus and Giroux, 2018.

Gardner, H., *Truth, Beauty, and Goodness Reframed: Educating for the Virtues in the Twenty-First Century*, Basic Books, 2011.

Heidegger, M., *Introduction to Metaphysics*, trans. by G. Fried and R. Polt, Yale University Press, 2000.

Henry, M., *Material Phenomenology*, trans. by S. Davidson, Fordham University Press, 2008

_____, *Seeing the Invisible*, trans. by Scott Davidson, Continuum, 2009.

_____, *Incarnation: A Philosophy of Flesh*, trans. by K. Hefty, Northwestern University Press, 2015.

Hesse, H., *Demian* (Kindle version).

Hickey, D., *The Invisible Dragon: Essays on Beauty*, The University of Chicago Press, 2009.

Hume, D., "Of the Standard of Taste", In *Essays: Moral, Political and Literary*, ed. by Eugene Miller, Liberty, 1985.

Hyland, D. A., *Plato and the Question of Beauty*, Indiana University Press, 2008.

Jameson, F., *Postmodernism or, the Cultural Logic of Late Capitalism*, Duke University Press, 1995.

Jay, M., *Downcast Eyes: The Denigration of Vision in Twentieth-Century French Thought*, University of California Press, 1993.

Jung, C., *Memories, Dreams, Reflections*, Pantheon, 1973.

Kandinsky, W., *Concerning the Spiritual in Art*, trans. by M.T.H. Sadler, The Project Gutenberg eBook, 2011.

Kant, I., *Observations on the Feeling of the Beautiful and the Sublime and Other Writings*, ed. by P. Frierson and P. Guyer, trans. by John T. Goldthwait, Cambridge University Press, 2011.

Konstan, D., *Beauty: The Fortunes of an Ancient Greek Idea*, Oxford University Press, 2014.

Levinas, E., *Emmanuel Levinas: Basic Philosophical Writings*, ed. by A. T. Peperzak, S. Critchley, and R. Bernasconi, Indiana University Press, 1996.

Lorenz, H., "Ancient Theories of Soul", ed. by E. N. Zalta, *Stanford Encyclo-*

pedia of Philosophy, Summer 2009, October 23, 2003.

Marcuse, H., *Eros and Civilization*, Beacon Press, 1955.

Michel, H., *Material Phenomenology*, trans. by S. Davidson, Fordham University Press, 2008.

_____, *Incarnation: A Philosophy of Flesh*, trans. by K. Hefty, Northwestern University Press, 2015.

Mitchell, A. J., "Heidegger's Later Thinking of Animality: The End of World Poverty", In *The Heidegger Circle Annual*, 2011.

Mudde, C. and Kaltwasser, R., *Populism: A Very Short Introduction*, Oxford University Press, 2017.

Mukařovský, J., "Structuralism in Esthetics and in Literary Studies", in *The Prague School: Selected Writings, 1929-1946*, ed. by P. Steiner, University of Texas Press, 1982.

Murdoch, I., *The Sovereignty of Good over Other Concepts*, Ark Paperbacks, 1885.

Murphy, R., *Theorizing the Avant-garde: Modernism, Expressionism, and the Problem of Postmodernity*, Cambridge University Press, 1999.

Neumann, E., *Depth Psychology and a New Ethic*, trans. by E. Rolfe, Shambhala, 1990.

Nietzsche, F., *A Genealogy of Morals(Works of Friedrich Nietzsche)*, Vol. X, ed. by A. Tille, trans. by W. A. Hausemann, The MacMillan Company, 1897.

Nietzsche, F., *On the Genealogy of Morals/Ecce Homo*, trans. by W. Kaufmann and R. J. Hollingdale, Vintage 1967; ed. by K. Ansell-Pearson, trans. by C. Diethe, Cambridge University Press, 2006.

_____, *The Will to Power*, trans. by W. Kaufmann and R. J. Hollingdale, Vintage Books, 1968.

_____, *The Birth of Tragedy*, trans. by W. Kaufmann, Vintage Books, 1989.

_____, *Thus Spoke Zarathustra*, ed. by A. D. Caro and R. B. Pippin, trans. by A. D. Caro, Cambridge University Press, 2006.

_____, *The Anti-Christ, Ecce Homo, Twilight of the Idols and Other Writings*, ed. by A. Ridley and J. Norman, trans. by J. Norman, Cambridge University Press, 2007.

_____, *Twilight of the Idols or How to Philosophize with the Hammer*, trans. by R. Polt, Hackett Publishing Company, Inc., 1997; ed. by Dr. O. Levy, trans. by A. M. Ludovici, The Project Gutenberg eBook, 2016.

Plato, *Phaedrus*, trans. by Alexander Nehamas and Paul Woodruff, Hackett, 1995; trans. by B. Jowett, The Project Gutenberg eBook, 2013.

Plotinus, *The Enneads*, trans. by Stephen Mackenna, Penguin, 1991.

Rabinbach, A., "A Specter That Will Not Go Away: A Review of Berel Lang, Heidegger's Silence", *Jewish Social Studies*, New Series, Vol. 4, No. 3, 1998.

Ragland, E., *Essays on the Pleasures of Death: From Freud to Lacan*, Routledge, 1995.

Rockmore, T., *An Introduction to Hegel's Phenomenology of Spirit*, University of California Press, 1997.

Rousseau, J., *Emile or On Education*, trans. by A. Bloom, Basic Books, 1979.

Scarry, E., *On Beauty and Being Just*, Princeton University Press, 1999 (Kindle version).

Schiller, von F., *Über die Ästhetische Erziehung des Menschen*, 『프리드리히 실

러의 미적 교육론』, 윤선구, 이경희, 조경식, 하선규, 한진이 옮김, 대화문
화아카데미 대화출판사, 2015.

Schopenhauer, A., *The World as Will and Representation*, trans. by E. F. J.
Payne, Dover, 1968.

_____, *The World as Will and Representation*, trans. by R. B. Haldane and J.
Kemp, The Project Gutenberg eBook, 2011.

Scruton, R., *Beauty: A Very Short Introduction*(Kindle version), Oxford Uni-
versity Press, 2009.

Tagore, R., "Music is Beauty", *Reader's Digest*, May, 2016.

Turley, S. R., *Awakening Wonder: A Classical Guide to Truth*, Goodness &
Beauty, Classical Academic Press, 2015.

Welsch, W., "A Return of Beauty?" presented during the international con-
ference "The Re-turn of Beauty", Berlin, *Haus der Kulturen der Welt*,
13, Mai, 2005.

Wertz, W. F. Jr., "A Reader's Guide to Letters on the Aesthetical", Fidelio,
Journal of Poetry, Science, and Statecraft, Vol. 14, Spring-Summer
2005.

Zygmunt, B., *Retrotopia*, Polity Press, 2017.

김민기 작사, 작곡, 〈아름다운 사람〉, KOSCAP 승인 필.

|ㄱ|

가다머 51, 52

가드너 74, 75

가상 138, 140-143, 145, 179-181, 184

개인주의 66

건축 57, 86-90

고급문화 29

고흐 32, 82

곰브리치 76

공자 36

관조 9, 13, 58, 76, 86, 89, 90, 92, 93, 94, 101, 103, 109

국가주의 26, 66, 67

굿만 74

근본주의 37, 38, 167

기게리히 133

|ㄴ|

남성(중심주의) 44-46, 167

낭시 62, 69-71

네하마스 76, 77

노이만 56

뉴 노멀 65

니체 10, 76, 79, 80, 99, 101, 103, 106-108, 110-120, 147, 149, 150

니힐리즘 34

|ㄷ|

다다 27, 28, 30

다원주의 65

단테 42, 43, 100

단토 19, 20, 51, 61

대중문화 29, 31

데리다 111, 114-116, 118, 119

데카르트 82

데 키리코 91, 92, 94

뒤샹 27, 29, 34

들뢰즈 117, 118, 169-171

디오니소스(적) 106, 111-114, 118,
    122, 149, 150

디오티마 100, 103, 104

|ㄹ|

라캉 122, 123, 130, 131, 148

랭보 28

레비나스 158

레빈슨 76

로고스 70, 130, 148, 151, 169, 171

롤스 49

루소 46

리오타르 25

리쾨르 36

릴케 95

|ㅁ|

마르쿠제 162, 163

마르크스 32, 35, 166

만초니 33

머독 43

머피 28

메를로 퐁티 82, 149

멘데스 153

모더니즘 25, 28, 29, 31

무라카미 33

무카로브스키 92

문학 57, 59, 92, 115

문화산업 29

물질주의 10, 21, 158, 166, 167, 172

물화 39, 40, 47, 164

미메시스 30

미학(주의) 10, 12, 15, 25, 30, 34,
    35, 39-41, 45, 55, 57, 58, 62, 64,
    67, 75, 81, 87, 92, 135, 136, 168

민주주의 53, 64, 65

|ㅂ|

바니 75

바우만 66

반(反)예술 27

발레리 94

버크 45, 99, 113, 136

베니니 179

베르나르도 78

베유 43

베이컨 169, 170, 171, 175

베토벤 107

벤야민 30, 115, 154, 155

벨슈 16, 20, 60

보링거 97

보수 35, 37

부르디외 105

부르주아 29, 30, 105

부정성 29

불레즈 75

뷔르거 28

브레텔 40, 41, 44

블로흐 30

비트겐슈타인 71, 72

비판(성) 17, 40, 48

|ㅅ|

사랑 7-9, 35, 45, 50, 59, 72, 76, 77,
    91, 99, 104, 113, 124, 128, 130,
    181

상대주의 35-38, 129

샌델 51

생명 64, 66, 80, 86, 89-91, 95, 97,
    98, 107, 113, 114, 117, 118, 122,
    125, 133, 138, 147, 149-159,
    161, 162, 165, 165-175, 184

선 123, 131, 132, 136, 140, 145,
    159, 178

성스러움 58, 59, 113, 166, 179

세라노 33

소비문화 32

소크라테스 7, 9, 10, 14, 42, 69, 70,

71, 100, 103-105, 127, 128-134,
    136, 139, 140, 145, 159

솔제니친 17, 18

쇼펜하우어 10, 85-94, 101, 108-
    110, 112, 121

숭고 25, 45-47, 51, 62, 73, 113

쉼보르스카 160

슈필라인 121, 122

슘페터 35

스카리 16, 43, 47-50, 62, 104

스크러튼 21, 58, 59, 62, 64, 76

스탕달 79, 80, 101, 106

시각(중심주의) 20, 31, 44, 47, 52,
    59, 76, 97, 128, 180

시(적) 61, 82, 92, 93

시인 8, 22, 28, 42, 82, 94-97, 99,
    100, 115, 128, 134, 143, 153,
    160, 179

신 8, 10, 43, 45, 76, 86, 93, 96, 98,
    104, 111, 127, 128-130, 133,
    149, 150, 159, 179. 181, 182

실러 10, 13, 134, 135-143, 145

|ㅇ|

아감벤 78, 116, 119

아도르노 25, 29, 30, 39, 114-116

아렌트 26, 40

아리스토텔레스 116, 133

아방가르드 28, 29, 31, 33, 61

아우슈비츠 36, 39, 40, 56, 162

아퀴나스 78

아포리아 83, 133

아폴로 106, 111-114, 118, 122, 150

악 35-38, 56, 57, 108, 135, 144

알베르티 87

앙리 147, 149, 150, 156, 157, 159, 171, 172, 175

언어 8, 27, 29, 70, 71, 82, 83, 92-94, 96, 113, 120, 122, 123, 129-131, 148, 151, 154, 170

에로스 76, 90, 99, 100, 103, 105, 107, 113, 114, 118, 120-125, 130, 131, 161-165, 168, 184

에로틱 58, 59, 80, 104, 105, 130

에코 77, 78

엘리엇 93

엘리트 29, 63, 64, 67

여성(성) 44-46, 118, 167

영혼 8, 13, 17, 33, 43, 44, 56, 64, 72, 77, 80, 91, 100, 101, 104, 127-130, 132-134, 136, 138, 139, 143-145, 152, 154, 158, 168-170, 172-175, 180, 183

에민 33

예술 10, 15, 16-21, 25-34, 38, 40, 41, 45, 51, 54, 58-60, 61, 63, 64, 72, 77-81, 83, 88, 106-109, 115, 117, 118, 120, 128, 135, 141-143, 149, 150, 157, 158, 166, 169, 170, 172-175

예술가 10, 12, 13, 16, 21, 25-32, 35, 39, 50, 54, 60, 63, 79, 80, 99, 120, 128, 163, 166, 169, 170, 179

욕망 8-10, 13, 27, 58, 63, 65, 74-80, 85, 90, 93, 96, 97, 99, 101, 102, 104, 105, 113, 114, 123-125, 130, 131, 136, 137, 144, 148, 149, 154, 178, 180

워즈워드 97

워커 54

위홀 32, 61

윤리 36, 37, 53, 55-57, 144, 158, 167, 168

융 121, 133, 177-179

이글턴 28

이데올로기 44, 46, 163

|ㅈ|

자본주의 10, 29, 32, 35, 64, 65, 162, 163, 166

전체주의 65

정신 17, 22, 28, 31, 33, 35, 39, 40, 43, 61, 73, 79, 80, 81, 91, 101-104, 108, 110, 116, 134-136, 167, 168, 172, 174

정의 8, 9, 35, 36, 48-51

정체성 66, 67, 166

정치적 12, 13, 26, 27, 29, 33, 37, 38, 47, 54, 65, 67, 68, 135, 166, 167

제임슨 163

젠더 37, 44, 45-48, 167

종교 52, 66, 167, 168, 170, 178

좌파 35

주관주의 63, 81

주체(성) 123, 131, 148, 157, 168

즐거움 9, 13, 18, 34, 41, 44, 58, 59, 63, 73-75, 85, 104-107, 113, 114, 123, 124, 162, 164

지거 54

지식인 10, 13, 21, 25, 26, 30, 39, 40, 67, 166

진리 10, 18, 20, 35, 37, 46, 82, 113, 115, 120, 128, 141, 145, 158, 159, 167, 173, 177, 178

|ㅊ|

차라 27, 28

초월적 10, 35, 88, 179

초현실주의 30

|ㅋ|

카뮈 112

카터 75

칸딘스키 150, 157, 159, 170-172, 174, 175

칸트 9, 10, 12, 25, 36, 46, 58, 59, 64, 67, 72, 73, 76, 77, 79, 80, 85, 87, 88, 94, 99, 101, 104-106, 109, 110, 113, 115, 136, 137, 144

컬러 92

콘스탄 16, 76

쿤스 33

클리셰 33, 61

키퍼 75

|ㅌ|

타나토스 95, 103, 113, 114, 118, 121, 124, 125, 165, 168, 184

타자(성) 8, 36, 37, 60, 61, 67

톨스토이 152, 177

|ㅍ|

파토스 94, 113, 148-151, 169, 170, 171, 173, 174

팝 아트 31, 32

포퓰리즘 64, 65

프로이트 35, 113, 114, 117, 121, 122, 161

프롤레타리아 32

플라톤 42, 72, 76, 86, 104, 105, 109, 127, 131, 141, 142

플로티노스 77

피카소 41

|ㅎ|

하버마스 53

하이데거 10, 12, 81, 82, 117, 118, 119, 149

하일랜드 127, 131

향락 122, 123

허스트 33

헤겔 10, 12, 80, 110, 122, 143, 144

헤세 153

형식 30-32, 52, 54, 61, 71, 72, 74,

87, 113, 122, 134, 137, 138, 142, 143, 151, 169, 170, 174

홉스 108

확증편향 53

환영 31, 97, 100, 106, 110, 111, 115

흄 79

히키 18, 19, 63-65, 67, 69

히피아스 9, 70

힐데브란트 97